Marcher à contre essence

©2021. EDICO
Édition : JDH Éditions

77600 Bussy-Saint-Georges. France
Imprimé par BoD – Books on Demand, Norderstedt, Allemagne

Réalisation graphique couverture : Cynthia Skorupa

ISBN : 978-2-38127-116-3
Dépôt légal : février 2021

Le Code de la propriété intellectuelle n'autorisant, aux termes de l'article L.122-5.2° et 3°a, d'une part, que les copies ou reproductions strictement réservées à l'usage privé du copiste et non destinées à une utilisation collective, et d'autre part, que les analyses et les courtes citations dans un but d'exemple et d'illustration, toute représentation ou reproduction intégrale ou partielle faite sans le consentement de l'auteur ou ses ayants droit ou ayants cause est illicite (art. L. 122-4).
Cette représentation ou reproduction, par quelque procédé que ce soit constituerait une contrefaçon sanctionnée par les articles L. 335-2 et suivants du Code de la propriété intellectuelle.

Oriane de Virseen

Marcher à contre essence

JDH Éditions
Nouvelles pages

Avertissement

Certains passages comportent des propos pouvant heurter la sensibilité des plus jeunes.

Préface

« Vivre, c'est souffrir. Survivre, c'est donner du sens à cette souffrance. »

Frederick Nietzsche

Dans notre société, où l'avoir et le paraître ont pris le dessus sur la dimension sacrée de la vie, beaucoup souffrent, se perdent, errent…

Ne plus maîtriser sa vie est une sensation extrêmement anxiogène. Programmés pour nourrir des attentes sociales, affectives ou matérielles, chaque manque, chaque mauvais choix ou autre élément perturbateur extérieur nous déconnecte de notre « Soi » profond, du sens de la vie.

Parmi ces souffrances, il y a celles dont nous sommes responsables et sur lesquelles nous pouvons agir. Changer demande introspection et courage. Et puis il y en a d'autres contre lesquelles nous ne pouvons pas lutter. Les accepter est la seule solution pour les traverser.
Mais ne pas agir, que cela soit par le changement ou le lâcher-prise, c'est altérer le rapport à soi et à autrui.

Un chemin parfois long, douloureux, que certains n'emprunteront jamais, mais qui nous ramène à notre vrai guide : la conscience de soi. Écouter son cœur et son corps, c'est apprendre à s'aimer soi-même pour pouvoir aimer les autres, apprendre à se respecter pour être authentique et avoir des relations vraies avec autrui, apprendre à se faire confiance pour se libérer du jugement… Un acte individuel pour être heureux ensemble.

Prendre chaque expérience de la vie comme un cadeau qui nous fait évoluer sur ce chemin. Ce qui est fait est fait et demain n'existe pas encore. Alors, vivons chaque journée comme si c'était la dernière, pour éviter qu'hier ne devienne un regret et aborder demain avec bonheur, parce que nous avons la chance qu'il existe.

Nathalie SAMBAT
Directrice de collection, JDH Éditions

Grand-mère Marie

Journal intime d'Emma M.
Août 2078

Jamais je n'aurais cru une chose pareille à propos de ma grand-mère. Ma grand-mère... C'est délirant. Inimaginable, impossible, inconcevable.

Elle qui incarne la douceur, la gentillesse, la tendresse.

Ma grand-mère avec ses beaux yeux clairs, sa peau un peu basanée et ses rides comme de petites rivières sur une carte parcheminée qu'un explorateur aurait dessinée, puis roulée, mouillée, abîmée. Le paysage de ce visage qui n'inspire que câlins et bras grands ouverts. Le réconfort. La paix, la tranquillité. Son corps fragile mais souple qui se déplace lentement, comme si elle avait l'éternité devant elle, alors qu'il lui reste si peu de temps. Elle me l'a dit : « Emma, ma chérie, je vais mourir bientôt. »

Elle a ajouté une phrase mystérieuse : « Il faut que je le dise à quelqu'un... Il n'y a que toi, Emma, qui puisses entendre cela. Toi, tu comprendras. Toi, tu ne me jugeras pas. Je le sais. Je vais te raconter, parce que cela me pèse tant que je ne pourrai pas partir tant que je ne l'aurai pas dit. »

La suite, je n'aurais jamais pu y penser, la sentir, la percevoir. Jamais. Pas ma grand-mère. Bon sang, je suis toute retournée. Les enfants réclament mon attention et je suis figée, incapable de revenir à moi, au quotidien normal. Je suis sous le choc. Pourtant, je m'attendais à tout quand elle a prononcé sa phrase pleine de possibles secrets : une page sombre de l'histoire familiale, un enfant caché, une histoire d'adultère, une expérience paranormale, tout, n'importe quoi, mais pas ça !!

Je dois vraiment aller m'occuper des enfants, ils vont finir par s'entretuer, là… ils crient… ça bouge… Quelle mère indigne… je prends le temps d'écrire mon journal en début de soirée, tout juste rentrée de la garderie et

* * *

Bon… interruption qui me pendait au nez il y a 3 heures : Isabelle a frappé Tom avec la laisse du chien et les hurlements m'ont arrachée à l'écriture. Pas de bobo majeur, mais du coup, j'ai géré l'incident diplomatique (si l'arrière-petite-fille d'Obama filait des coups de laisse sur la tête de Romanov ou de Long Jinping au prochain G3, ma foi, les choses se passeraient peut-être mieux). J'ai enchaîné avec les activités comportementales, le dîner, le bain à recycler 2 fois (j'avais oublié de le faire hier ! Je devrais peut-être accepter d'installer le domo-gestionnaire à la maison, ça m'aiderait). Petit train-train apaisant après la dalle que je me suis prise sur la tête chez Mamie cet après-midi. Enfin, mes petits tyrans dorment et je reviens à mon écriture.

En m'occupant des enfants tout à l'heure, je pensais : « Est-ce qu'ils sauront un jour ? Est-ce que je leur dirai, pour leur arrière-grand-mère ? Ont-ils le droit de savoir ? » Ça me faisait drôle de m'imaginer vieille, grand-mère à mon tour, raconter un tel épisode à mes enfants ou petits-enfants… ou à l'un d'entre eux. Le plus sauvage, le plus libre, le différent, l'indomptable. Celui ou celle qui pourrait comprendre et ne pas juger.

Ça me faisait drôle de me penser vieille dans ce monde qui ne verra d'ailleurs peut-être pas mes petits-enfants, parce que nous serons tous morts avant.

À l'aube de la possible fin du monde, il y a des choses graves qui paraissent dérisoires.

La fin du monde de ma grand-mère est pour bientôt. Elle est née il y a 102 ans. Elle est encore jeune. Elle pourrait vivre 20 ou 30 ans de plus. Son cœur artificiel est en bon état, mais son cerveau commence à fatiguer, et elle ne fait pas partie des actifs âgés ayant droit au programme spécial de régénération neuronale. Elle a refusé de continuer à travailler après 80 ans et a donc perdu ses droits aux améliorations de classe 2.

Je ne peux pas imaginer la vie sans sa présence. Elle a toujours été là. Quand les gouvernements ont imposé aux ruraux « révolutionnaires » le retour à la ville, et que papa et maman ont préféré mourir, Mamie a passé un pacte avec eux, avant qu'ils ne partent. Elle a promis de nous sauver, Romain et moi, et elle est revenue vivre en ville avec nous, ses petits-enfants, acceptant les conditions de vie qui allaient avec, les formations utilitaires, les réorganisations de populations, les soins médicaux obligatoires et mutilants pour certains. Elle a pris le risque de nous voir stérilisés, enfermés, anéantis pour saisir la dernière chance de vie qui s'offrait à nous avant la mort définitive. Elle a bien fait. Nous avons eu de la chance. Dans un monde où tout s'écroulait, elle a su nous garder vivants. Elle a accompagné nos deuils, notre arrivée en ville, dans ce milieu hostile si différent des vastes prés, champs et forêts où nous avions grandi. Grâce à son amour et à sa force, nous avons survécu, et même appris à vivre bien, dans un milieu dénué d'humanité lors d'un changement de paradigme.

Je ne sais pas si elle croyait au programme imposé par les dirigeants à ce moment-là : remettre les humains à leur place dans une urbanité évoluée, écologique, après que des décennies de fonctionnement inhumain avaient fini par chasser peu à peu des villes la plupart des habitants.

Le virage fut douloureux et totalitaire. Suivre le mouvement ou périr. Grâce à elle, nous avons survécu. Grâce à elle, j'ai eu deux enfants magnifiques. Grâce à elle, je respire parfois l'odeur d'une fleur et goûte le sucre d'un fruit. Moi, en tout cas, j'ai voulu croire au changement. Mais la réalité d'aujourd'hui me fait douter du bienfondé de ces mouvements passés qui ont failli marcher. Il échappe toujours au contrôle des gouvernements, des programmes mis en place et des mesures de protection, une minorité d'individus qui finissent par engendrer d'autres mouvements contraires. Dans ce changement absolu, il aurait fallu que tout le monde plie pour le bien de tous, et ce ne fut pas le cas. Les Américains, les Russes et les Chinois ont fini par reprendre les rênes du monde et imposer petit à petit un retour du capitalisme à coup de traités, de menaces et de chantage.

Mamie nous a épargnés du mieux qu'elle a pu face à la laideur du monde, redevenant ce qu'il avait été avant 2025... Inexorablement. Elle m'a raconté l'Histoire. Mamie vaut tous les documents archivés du monde. Elle a refusé qu'on touche à son cerveau pour conserver la Mémoire. Mais cela lui coûte plusieurs décennies de vie en moins. Elle va mourir.

Dans le chaos de mon adolescence orpheline, elle fut un cadre apaisant, bienfaisant. Elle nous a consolés, Romain et moi. Elle a été si tendre, aimante et rassurante ! Tout ce que j'ai pu transmettre à mes propres enfants, c'est à elle que je le dois. Je ne peux pas imaginer vivre sans elle, sans la savoir à moins de 10 minutes à pied de mon mini-habitat écologique de première génération...

J'écris ce journal parce qu'elle m'a appris à écrire, parce qu'elle m'a fait lire tous les livres qu'elle a pu se procurer dans la débâcle, puis en cachette via des réseaux. Comme une maquisarde de la Résistance d'une autre guerre qu'elle n'a pas connue, mais dont elle connaissait l'histoire.

J'écris et, ce faisant, je prends le risque énorme de laisser une trace dangereuse s'il advenait qu'un service du gouvernement décide d'entrer chez moi pour fouiller un peu. Et en même temps, le papier brûle bien, il se détruit plus rapidement qu'un fichier dont un technicien informatique pourrait retrouver la trace même après effacement.

J'écris parce que quand il n'y aura plus du tout d'énergie, mes enfants n'auront rien d'autre que le papier pour s'informer, pour savoir. S'ils survivent.

J'écris parce que je ne pourrai pas dire ce qu'elle m'a dit. Le silence des mots couchés sur le papier rend la démarche moins ardue.

**

Journal intime d'Emma M.
Septembre 2078

— Maman, c'était comment quand t'étais jeune ?
Isabelle me pose cette question pour la millième fois. Et pour la millième et une fois, je lui raconte la verdure, les champs, le potager, les poules…
— On mangeait des œufs…
— Pouaaah !!!
Mes enfants ont pourtant la notion de ce qu'est un aliment naturel. Ils cueillent et mangent crus toutes sortes de légumes

que nous faisons pousser dans le jardin communautaire du quartier. Mais la viande et les œufs, le lait, non, pour eux, c'est inimaginable. Les insectes, oui, ils sont nés avec, si je peux dire. Quand il a fallu trouver une autre source de protéines animales que la viande de bovins, ovins, etc., l'humain n'a pas eu tellement le choix.

Je suis allée les regarder dormir. La paix sur leur visage m'inspire un effroi paralysant quand je songe à l'innocence brisée, aux rêves inaccessibles et aux réalités adaptatives auxquelles ils seront confrontés. Puissent-ils ne jamais vivre ce que leur arrière-grand-mère a vécu, dans sa chair et par les choix auxquels elle a été confrontée. Ils vivront peut-être pire.

* * *

Journal intime d'Emma M.
Octobre 2078

La journée fut difficile. J'ai encore dû juger dans la résolution d'un conflit de voisinage. Je crains toujours la violence de mes pairs, faits de la même chair que celle qui fut animée un jour par la rage tyrannique d'un absolutisme intolérant, totalitaire. Mes voisins, les gens autour de moi, près, plus loin… humains, tout comme moi, mais aussi comme les décideurs, les gouvernants, les puissants. Cacher certaines de mes émotions qui émergent comme des animaux visqueux sortant d'une terre humide, ces ressentis refoulés qui trouvent un chemin en moi malgré l'implant. Tout le temps que je passe à l'extérieur m'épuise. Même à la maison parfois, quand un agent de la coopérative m'appelle en visioconférence, je dois cacher des choses… ne pas lui laisser voir les deux petites toiles peintes par ma mère il y a 30 ans, par exemple. C'est fatigant de vivre avec le poids de petits secrets empreints d'un passé qui n'est autre que ma propre histoire, mon héritage. Renier une partie de moi en permanence me rend instable, mais je ne veux pas compléter l'action de l'implant avec une chimiothérapie... Heureusement que Mamie est là, pas très loin. Elle est la porteuse de nos bagages généalogiques. Mais en me racontant cette histoire... bon sang, c'est comme si elle m'avait chargée d'un poids énorme. Un poids que je sentais quelque part, mais dont le flou m'arrangeait bien. Maintenant que je ne peux plus dire « Je ne savais pas », s'il advenait qu'on me questionne, aurais-je la force de ne pas dire, de ne pas raconter ? Oserais-je encore mentir ?

Mamie... Mamie Marie... je suis touchée par ta confiance et je comprends ton besoin de te soulager d'un poids trop longtemps porté seule. Mais crois-tu vraiment qu'en me confiant cela, tu allais te faire du bien sans me faire du mal ? Tu me crois forte, libre et sauvage... Je me trouve faible, rebelle infantile, car déjà trop apprivoisée par l'idéologie qu'on m'a inculquée. Travail, urbanité, délation, écologie, sanité. T.U.D.E.S.

Quand je pense au sens littéraire du mot « urbanité », j'en ris sous cape. Mamie Marie m'a appris cet autre sens, politesse et affabilité... Rien à voir avec l'opposé de la ruralité... D'ailleurs, je me souviens qu'étant enfant, j'entendais les adultes se parler et s'adresser à moi avec beaucoup de bienveillance, de gentillesse et d'affabilité, justement...

* * *

Ingrandes-sur-Vienne, 8 juin 2058
Extrait du journal intime de Lili M., mère de Emma M.

Ça y est. On l'a reçue. La convocation du retour à la ville. Rentrer dans le rang. Retourner à « la civilisation ». Accepter les «soins» médicaux, les tests, les classements, les séparations selon les résultats. Voir mes enfants mourir, peut-être... cette idée insupportable me rend folle.

J'ai parlé à leur père tout à l'heure et notre décision est prise. Nous allons passer une semaine avec nos petits de 7 et 10 ans, les aimer, les câliner, les choyer... les faire rire le plus possible, leur faire manger des œufs, les laisser se gaver de miel devenu si rare et dont nous avons réussi à cacher un petit seau dans le cellier... Finir le miel, à pleines mains... du miel, une dernière fois. Puis, dans une semaine jour pour jour, la veille de l'exil forcé, nous tuerons nos enfants et nous nous suiciderons.

Je me suis évanouie en arrivant chez Fanny tout à l'heure. J'étais venue lui demander les herbes pour mettre un terme à la vie. Elle m'a tendu le bouquet sec : «Pour 4 personnes, ma belle. Décoction, une tasse chacun, à boire le plus vite possible. Ça prend 2 à 3 minutes. Je l'ai fait pour papa l'an dernier, tu te souviens ? Il voulait en finir avec la douleur... je suis restée avec lui. C'est rapide, ma belle. C'est pas très douloureux...» J'ai tendu la main pour saisir les herbes, et tout à coup, un voile noir s'est posé sur mes yeux. Il est immense l'écart entre une idée émise dans le flou d'un hypothétique avenir et la cruelle réalité qui se plante devant nous avec l'arrivée d'un courrier officiel. Quelque part au fond de moi, je refusais d'admettre que ça allait forcément arriver un jour.

Quand je suis revenue de mon évanouissement, Fanny pleurait en me tenant dans ses bras. Elle a eu cette phrase terrible : «Tu vois, Lili, c'est pour ça que je n'ai pas voulu avoir d'enfant... c'est pour ça... je savais qu'un jour ou l'autre, il faudrait en arriver à cette extrémité...»

Maman va venir nous rendre visite. Passer un dernier week-end en famille. Elle ne sait encore rien de notre projet fatal. Mais je suis sûre qu'elle sera d'accord. Elle qui a fait de la prison quand j'étais toute petite, pour avoir participé aux manifestations pour la liberté des populations et l'accueil massif de migrants désespérés. Elle qui a été passée à tabac par le même gouvernement qui aujourd'hui veut nous enfermer dans des villes. Elle comprendra. Elle voudra peut-être boire la décoction. Demain, je retournerai chercher une poignée d'herbes chez Fanny.

Je n'arrête pas de pleurer. Et pourtant, à l'aube de commettre l'irréparable, le définitif, l'innommable, je suis en paix. Mes enfants ont vécu 7 et 10 ans libres et heureux. Ils ont couru dans les champs, ramassé des fleurs, des herbes, cultivé un potager, ils ont vécu proches de la nature, ont appris l'astronomie, l'énergétique et le Reiki, le langage des arbres, la musique et la peinture… Ils ont vécu une vie bien plus belle, bien plus riche que celle de nombreux technocrates à la con. Personne ne les prendra pour en faire des esclaves urbains, ou les mutiler s'ils s'avèrent non pertinents pour les pratiques de l'eugénisme en vogue.

Avoir vécu 7 ou 10 ans libres et heureux est à mes yeux et à ceux de leur père bien plus précieux qu'une vie de centenaire contraint et soumis. Nous sommes d'accord là-dessus. Tristement d'accord.

* * *

Ingrandes-sur-Vienne, 14 juin 2058

Marie est une femme de 82 ans qui n'a pas la langue dans sa poche. Elle vient de passer 2 jours chez sa fille Lili, son gendre Franck et leurs deux enfants, Emma et Romain. Sa fille lui a dit ce qu'ils avaient prévu de faire. Une dispute s'en est suivie. Marie soutenait à sa fille qu'il était possible de vivre en ville, que tout n'était pas perdu, que tant qu'il y avait de la vie demeurait un espoir.

Franck et Lili n'ont rien voulu entendre. Alors, Marie a accepté leur choix, pour ne pas les braquer.

Marie regarde le visage paisible de Lili. L'horreur qui s'est emparée d'elle ne la quittera plus jamais, mais elle doit vivre avec. Vivre pour ses petits-enfants. Vivre pour qu'ils aient une chance de vivre.

Marie vient de commettre un double meurtre. Elle a assassiné sa propre fille qu'elle adorait. Elle a assassiné son gendre, qu'elle aimait de tout son cœur. Deux quarantenaires militants comme elle l'avait été 35 ans plus tôt. Deux humains dans la force de l'âge qui avaient perdu tout espoir, qui s'étaient résignés à la mort par suicide. Pour que ses enfants ne tuent pas leurs propres enfants, Marie les a tués. Une dose létale de morphine dans la tisane du soir. Léger délire, confusion, endormissement, détresse respiratoire... Marie a quitté la chambre après leur avoir chanté, par bribes entre deux sanglots, une vieille berceuse qu'elle n'avait plus chantée depuis longtemps.

Marie est revenue embrasser sa fille et son gendre. Ils étaient froids. Ils n'étaient plus là. Marie se dit que de là où ils sont, ils comprennent son geste.

Marie ferme la porte de la chambre à double tour. Elle va préparer les sacs des petits-enfants. Quand ils se réveilleront, elle les emmènera au point de rendez-vous avec les extraits de naissance délivrés par la préfecture que Lili lui avait montrés. Elle dira aux enfants que leurs parents ont dû partir la veille au soir, pour préparer une maison en ville, que ce n'était pas prévu, qu'ils étaient stressés, énervés à cause du papier qu'ils avaient reçu et dont ils n'avaient pas parlé aux petits. Emma et Romain lui feraient confiance. Marie leur dirait la vérité un peu plus tard : que leurs parents avaient choisi la mort plutôt que le retour à la ville.

* * *

Journal intime d'Emma M.
Octobre 2078

Je me suis endormie sur ce journal, l'autre soir. Le visiophone m'a réveillée en sursaut. C'était le dispensaire. Mamie Marie a fait un malaise grave. Elle a eu le temps de presser son collier d'urgence et ils sont venus la chercher. J'ai appelé Crissa pour qu'elle vienne surveiller le sommeil des enfants et j'ai couru jusqu'au dispensaire. On m'a fait attendre 2 heures avant que je puisse la voir. J'ai vécu ça comme une punition. Pour elle et pour moi. Punition pour ce que mes parents ont été, punition pour ce que Mamie a fait. Elle était semi-consciente d'après l'aide-soignante qui s'était occupée d'elle à son arrivée. Mais quand je suis arrivée à son chevet, elle avait sombré dans un coma ou un sommeil profond. On m'a parlé d'un caillot de sang au cerveau, et ils n'ont pas de quoi investiguer ni régler le problème. Pas au dispensaire. Si Mamie avait accepté le travail postocto, elle aurait eu droit à l'hôpital universitaire et aux dernières technologies médicales. Mais là, non. Inactive, inutile, insauvée.

* * *

Je suis passée chez elle prendre quelques affaires pour lui amener au cas où elle se réveillerait. J'ai trouvé une lettre sur son bureau. Mise en évidence, calée sous un petit vase dans lequel une fleur jaune fanée penchait vers le papier, comme pour me dire : « C'est là. »

« *Emmanuelle, ma chérie, mon amour, ma précieuse petite fille,*

Le dispensaire n'aura pas de quoi me soigner. Je me remettrai peut-être, mais au cas où, voici une lettre pour toi. Au moment où j'écris, mon bras gauche et ma jambe gauche sont comme engourdis, lourds, insensibles. J'ai eu une sorte d'éclair dans la tête, une décharge, à droite du crâne, très profond, et quelques secondes plus tard, mon œil gauche ne voyait plus, et tout mon côté gauche semble paralysé. J'ai très mal à la tête, ma chérie. J'ai la nausée. Je crois que j'ai un problème au cerveau : un caillot, un anévrisme rompu, que sais-je, mais en tout cas, ça ressemble à une attaque cérébrale. Ma bouche est tordue aussi, je sens mon visage s'engourdir. J'écris ces quelques mots vite, vite pour te dire que je ne t'ai pas tout dit à propos de la mort de tes parents. Il y a une personne encore vivante qui pourra te parler d'eux et te dire encore une chose que je ne t'ai pas dite, je n'ai pas eu ce courage. Lui te dira. C'est un homme. Il s'appelle Sébastien Marolas. Il a le même âge que moi, mais il a continué à travailler. C'est un scientifique. Je n'arrive plus... oublié le nom de son lieu de travail... trouve Sébastien. Et dis-lui que je l'ai toujours aimé. Je sais qu »

* * *

Ingrandes-sur-Vienne, 15 juin 2058, 8 h 55
Convoi de déportation numéro 12

Des malinois flairent les affaires, les gens... La vague humaine bruyante et saccadée s'engouffre dans les wagons, encadrée et surveillée par des agents prêts à sévir au moindre mouvement de foule. On a rassemblé à la gare toute la population du canton, et la campagne si peu peuplée dans son espace ample et étendu semble avoir été condensée dans le hall. Comme si on avait ramassé des tas de miettes éparpillées, toutes recueillies dans une pelle trop étroite...

Marie monte dans le train en tenant Emma et Romain par la main. Les sacs ballottent sur leurs dos…
C'est tout ce qu'il reste de leur vie à la campagne, maintenant. Marie a dissimulé deux petites toiles peintes par Lili dans le sac d'Emma, tout au fond, sous le fond en mousse du sac.

Les couloirs du train sont vides et les gens ont été entassés dans les compartiments. Celui où Marie et ses petits-enfants s'assoient est large et on y compte 30 places, toutes pleines. Il y règne un brouhaha incessant, les gens parlent fort, certains pleurent, mais beaucoup s'indignent et vocifèrent. C'est alors qu'une femme entre deux âges se lève de son siège et s'avance vers eux :

— Emma ? Romain ? Mais… où sont vos parents ?

Emma commence à expliquer à la femme qu'ils ont dû partir durant la nuit. Mais sa voix est étouffée par le vacarme alentour. Marie lui coupe la parole :

— Venez, Madame, je vais vous expliquer.

Et elle l'entraîne dans le couloir tandis qu'Emma agite sa petite main.

— Bye, Fanny…

Face à face dans un coin près des toilettes, les deux femmes sont seules dans un silence soudain et il leur faut quelques secondes pour que leurs oreilles cessent de bourdonner. Le train a démarré et prend de la vitesse. Fanny toise Marie d'un air suspicieux et déclare :

— Jamais Frank et Lili n'auraient laissé partir leurs enfants. Ils étaient fermement décidés… ils ne peuvent pas vous avoir laissé leurs enfants comme ça !

— Calmez-vous, Fanny… Je vais vous expliquer.

— M'expliquer quoi ? Vous avez remplacé la tisane pour les petits, c'est ça ? Vous avez séparé une famille ? Vous avez laissé votre fille se suicider ainsi que son homme, pour leur prendre leurs enfants ? Je vais vous dénoncer ! Vous savez ce que ça vaut de ne pas dénoncer un suicide ?

— Et vous, vous devez savoir ce que ça vaut de fournir aux gens de quoi se suicider… J'ai vu les herbes, Fanny, et je connais vos compétences en botanique et herboristerie, qui ont maintes fois soigné des gens que j'ai côtoyés quand je venais chez ma fille…

Fanny fusille la vieille du regard. Elle ne supporte pas la douceur dans ses yeux. Un calme qui semble lui dire : « Je sais ce que tu ressens. Tu n'as pas eu la force de te tuer et tu m'en veux d'en être témoin… Toi qui avais préparé des tas de petits bouquets "au cas où", pour les amis, pour ta famille… et pour toi-même, Fanny. Toi qui n'as pas eu la force de boire. Toi qui as eu la force de vivre… »

Ce regard sans jugement met Fanny face à elle-même. Il réveille toute l'ambiguïté qui l'a assaillie depuis une semaine. Vivre soumise ou mourir libre. La vie, la mort, l'espérance qui perce malgré tout. « Et si en ville, je pouvais réussir à trouver autre chose, à faire du sens, à mettre du sens là où je ne vois qu'esclavage et embrigadement ? » « Et si mes compétences et les tests me fournissaient une place ? » « Est-ce que je me renie en ne mourant pas ? Suis-je une insulte en restant vivante ? » Insupportable. Elle a envie de hurler, de frapper, de crever les yeux verts qui la fixent intensément. Elle ouvre la bouche, mais aucun son ne sort. Marie a remué son bras doucement, comme pour sortir quelque chose de sa robe et le montrer à Fanny. La douleur est fulgurante. Profonde. Une lacération au flanc droit, la lame acérée d'une arme tranchante remonte en oblique vers le poumon. Une poussée puissante, un rapide mouvement de poignet, l'octogénaire déploie au bout de son bras toute la force d'une femme déterminée comme jamais… la force du désespoir. Marie ouvre rapidement la porte du cabinet et entraîne Fanny dans les toilettes en la soutenant, elle ferme la porte, ouvre la petite fenêtre, et pendant que Fanny se noie dans son propre sang, la vieille femme la déplie, la pousse, ahanant, soufflant, appuyant de toutes ses forces pour faire tomber le corps hors du train. Ce témoin-là était trop compromettant. Marie avait commis un infanticide qui la hanterait toute sa vie, pour sauver la vie de ses petits-enfants. Elle avait réussi à passer les contrôles et les enregistrements en tant que tutrice légale, grâce à un faux papier de tutelle qu'elle avait payé très cher avant de se rendre chez sa fille, au cas où… elle connaissait sa fille et avait prévu ce scénario irréaliste : elle avait bien fait… Et il était inconcevable que Fanny vienne anéantir ses efforts, réduire à néant les sacrifices auxquels elle avait dû se contraindre.

Marie tire la chasse. Range sa lame dans sa canne télescopique trafiquée par un ami bricoleur. Elle lisse sa robe noire après l'avoir essuyée pour ôter le sang. Sèche sa robe où le sang fait une légère croûte noire sur noir… et rejoint ses petits-enfants. Un jour, elle leur raconterait peut-être ce meurtre-là, commis pour les sauver.

* * *

Orléans, 15 juin 2058, 11 h 37
Gare Centrale

Sébastien est là, comme promis. Il attend Marie et ses petits-enfants.

Une fois les barrages sanitaires passés, où Marie a dû expliquer, puisqu'un des chiens l'avait senti, qu'elle avait saigné du nez sur sa robe pendant le voyage. Sébastien accueille les nouveaux urbains les bras grands ouverts, un sourire aux lèvres, malgré tout :

— Bienvenue en Enfer ! Haha !
— On va s'amuser, promis ! Sébastien va vous montrer des choses rigolotes, les enfants !
— Et papa et maman, ils sont où ? demande Romain pour la centième fois depuis le matin.
Marie pose un regard douloureux sur son petit-fils. Sébastien la regarde, puis se tourne vers le petit garçon :
— Mon grand, il va falloir être très courageux, et je sais que tu l'es. Ton papa et ta maman ont choisi de ne pas venir, finalement. Nous t'expliquerons tout, en détail, dans quelques jours... promis...

Dans les rues grises malgré un soleil blanc, les enfants oublient un instant leur angoisse et le manque de leurs parents. Subjugués par ce nouveau monde qu'ils découvrent dans la douleur et dans l'urgence, ils sont absorbés par tout ce qu'ils n'avaient jamais vu de leur vie... Les véhicules solaires, les fontaines d'eau potable, les arbres fruitiers entourés de grillages, les enfants de leur âge vêtus si différemment ! Et la pâleur des visages... Sébastien leur fait visiter la ville, les dômes et les jardins du quartier où ils vivront avec Marie. Il plaisante sur tout, tente de les amuser, de leur faire voir les « bons côtés » d'une ville hyper organisée.

Sébastien resta près d'eux 3 jours, au bout desquels il dut retourner travailler. Il faisait partie des actifs du 3e et 4e âge qui avaient accepté de poursuivre une activité pertinente pour l'avancement de la recherche ou la poursuite d'études scientifiques en cours. Ainsi, il bénéficiait de soins médicaux de meilleure qualité, l'assurance de vivre au moins jusqu'à 117 ans en bonne santé, sain d'esprit et autonome, grâce aux technologies médicales avancées. Marie et Sébastien s'étaient aimés, jeunes, mais après la prison, ils avaient pris des chemins différents. Sébastien était entré dans le rang, acceptant sa condition d'humain au service d'un pouvoir plus grand que lui, servant ses semblables par la recherche scientifique sur les énergies renouvelables. Marie avait enseigné les Sciences politiques jusqu'à 80 ans, puis, après avoir essuyé de multiples avertissements pour sa tendance à philosopher et « s'écarter du sujet », elle avait choisi de renoncer au confort pour embrasser encore un peu une cause qui lui semblait plus humaine : la vie plutôt que le travail.

Comme Marie s'en sortait bien avec les petits, elle ne fit plus jamais appel à Sébastien. Ils se revirent une fois, pour fêter leurs 90 ans. Rencontre au cours de laquelle Marie avait vidé son sac et raconté toute la vérité à Sébastien.

— Tu vivras plus longtemps que moi. Peut-être qu'un jour, tu pourras offrir la vérité à mes petits-enfants ou arrière-petits-enfants... s'ils le veulent, si tu juges qu'ils pourront la supporter.

Le vieil ami n'avait rien dit. Il pensait sans vouloir y croire que Lili était peut-être sa fille, qu'ils avaient conçue 40 ans plus tôt pendant leur période d'exil vers les régions rurales. Marie avait eu d'autres amants, d'autres amours, mais Lili avait quelque chose dans le regard qui ressemblait aux Marolas, et Marie avait éteint à jamais ce quelque chose-là.

* * *

Dans cette ville inconnue dont ils ignoraient totalement l'existence, Emmanuelle et Romain oublièrent peu à peu leurs parents... Instinct de survie ? Manœuvres habiles de leur grand-mère pour leur éviter trop de souffrance en attendant que leur éducation soit achevée et leur permette un certain recul ? De crises d'angoisses ponctuelles gérées à coups d'anxiolytiques en cauchemars itératifs, ils n'apprirent la mort de leurs parents que cinq ans plus tard, de la bouche de leur grand-mère. Leurs parents ayant choisi de vivre en dissidents, les services gouvernementaux les avaient supprimés. Version officielle qui coûta à Marie un ulcère d'estomac qu'elle refusa de soigner autrement que par des tisanes préparées en cachette avec des herbes cultivées en catimini, héritage herboriste de sa vie rurale, sa vie d'autrefois, quand elle courait pieds nus dans les champs, fomentant les bases d'une révolution qui avorta dans l'œuf et la conduisit en prison pour dix longues années. Souffrir et patienter pour obtenir une guérison lente, refusant le confort de la médecine moderne qui l'aurait soulagée en quelques minutes, furent un acte de contrition qui lui sembla bien pâle en regard des gestes posés et des mensonges distillés à ses petits-enfants.

Marie dut composer avec sa conscience pendant les vingt années qui suivirent. Elle s'acharna à instiller joie de vivre, espérance et bonne humeur à ses petits-enfants, tout en leur apprenant à dissimuler ce qu'il fallait pour vivre bien, sans pour autant renier leurs ressentis et pouvoir exprimer leur colère, leur frustration, leur tristesse. Lorsqu'ils furent adolescents, elle leur révéla une bonne partie de son histoire à elle, sa vie, ses combats, ses refus et ses révoltes, mais aussi la sagesse de l'acceptation au profit de la Vie. Ne pas se résigner, mais accepter certaines choses. Et cependant, dans l'ombre de ses remords, Marie aspirait à une forme de pénitence. Ainsi, quand Romain et Emma furent suffisamment indépendants, forts et stabilisés, elle désactiva la puce de son analyseur miniature, celui qui aurait pu l'avertir un peu plus tôt qu'un caillot se formait dans sa jambe et montait vers son cerveau. Elle avait également désactivé les micropuces qui auraient pu aller dissoudre le caillot mécaniquement. Elle cherchait à payer son crime, commis au nom de la vie.

Journal intime d'Emma M.
Octobre 2078

L'infirmière du dispensaire ne m'a pas éclairée davantage. L'état de Mamie semble stable, mais les 72 premières heures sont les plus critiques.

Elle n'est pas sortie du coma. Je refuse de signer l'autorisation d'euthanasie. Romain est injoignable. Il est parti depuis huit mois avec un convoi en Antarctique et ne reviendra pas avant l'année prochaine… Célibataire sans enfant, il ne bénéficie d'aucun passe-droit de communication. Et la tutrice n'étant pas notre mère, mais notre grand-mère, je ne peux pas demander d'exception. De toute façon, même s'il savait, qu'est-ce que ça changerait ?

Pour le moment, je vais demander mon avantage sabbatique pour avoir le temps de retrouver ce Sébastien Marolas et lui parler. De toute façon, je l'aurais utilisé pour quoi, ce congé payé ? Pour apprendre une autre fonction ? Pour m'occuper de mes petits-enfants ? Isabelle et Tom n'ont pas encore passé les tests de droit à la parentalité génétiquement positive. Leur père et moi avions obtenu l'accréditation de justesse, à cause de leur gène CAPN10, et les critères ont été resserrés depuis… ce qui leur laisse peu de chance d'échapper à la stérilisation. Alors, autant utiliser ce temps pour mettre de la lumière sur l'histoire de ma famille avant que la lignée s'éteigne.

* * *

Journal intime d'Emma M.
Décembre 2078

Un mois et demi de recherches et je n'arrive pas à retrouver ce Sébastien Marolas. Lui qui fait encore partie des générations ayant pu garder un patronyme, avant que l'on passe aux matricules personnalisés, ne gardant pour la vie de tous les jours que

notre prénom et une lettre majuscule, comme si on effaçait notre héritage.
Je suis fatiguée.

* * *

Journal intime d'Emma M.
Février 2079

La nouvelle année a commencé tristement. Mamie ne sort pas du coma. J'attends le retour de Romain avec impatience. Peut-être qu'elle aussi l'attend.

Fouad, une relation de travail, m'a promis de m'aider à chercher Sébastien. Je lui ai dit qu'il pourrait s'agir de mon grand-père maternel et que mes enfants aimeraient le voir.

* * *

Journal intime d'Emma M.
Février 2079

Ça y est. Je l'ai trouvé. Il travaille au CIRS. Je n'ai pas réussi à me procurer ses coordonnées, mais Fouad a un contact qui m'assure pouvoir lui faire passer un message en autant que celui-ci ne soit pas trop équivoque. J'ai rédigé un « Marie vous a toujours aimé. Contactez-moi » avec mes coordonnées libres.

* * *

Journal intime d'Emma M.
Mars 2079

Visite à Mamie, aujourd'hui. Je lui parle comme si elle pouvait m'entendre. Je ne sais pas si c'est le cas. Moi, ça me fait du bien. Les enfants ont pu lui rendre visite aussi. Mais ils étaient

comme anesthésiés, ne sachant pas quelle attitude adopter sous l'œil inquisiteur de l'aide-soignante.
Pas de nouvelles de monsieur Sébastien.

* * *

Journal intime d'Emma M.
Avril 2079

Le dispensaire commence à me harceler pour le consentement à l'euthanasie. Les crédits de Mamie sont épuisés et je paie de ma poche depuis 15 jours. Je ne pourrai pas tenir très longtemps.

* * *

Journal intime d'Emma M.
Mai 2079

Romain est rentré hier de sa mission et nous avons pu parler. Il arrive ici demain.

* * *

Romain va m'aider à payer pour Mamie. Nous sommes d'accord pour la garder en vie aussi longtemps que possible. Elle disait toujours : « Tant qu'il y a de la vie, il y a de l'espoir. » Nous appliquons sa philosophie à la lettre, mais pas au détriment de son confort, j'espère… Les infirmières me disent qu'elle ne sent rien, n'entend rien, ne perçoit rien. Pourtant, elle est là. Elle n'est pas encore partie.

Journal intime d'Emma M.
Juin 2079

Enfin ! Enfin des nouvelles de Sébastien ! Il aura peu de temps à nous consacrer, mais est d'accord pour nous rencontrer la semaine prochaine ! Il était temps, mon congé arrive à son terme à la fin du mois !

* * *

J'ai très hâte de le voir, de l'entendre, qu'il nous dise enfin ces choses qu'on ignore. J'ai raconté à Romain le meurtre commis par Mamie dans le train. Ce lourd secret dont elle a eu besoin de se soulager avant de sombrer dans le coma. Sentait-elle que ça allait arriver ? Elle avait désactivé tous ses outils personnels, et depuis longtemps, selon l'infirmière. Ils n'ont rien trouvé comme données enregistrées sur sa puce depuis les 20 dernières années. Mamie Marie… rebelle jusqu'au bout.

* * *

Journal d'Emma M.
15 juin 2079

Je suis effondrée. Et en colère. Cela faisait longtemps que je n'avais pas ressenti de telles émotions. Je les sens battre sous ma peau et dans ma tête et ma poitrine. Romain n'a pas prononcé un seul mot depuis la rencontre avec Sébastien.

Ce vieil homme nous a raconté comment il avait connu notre grand-mère. Leur passion du temps où l'on n'injectait pas de thymorégulateurs et autres inhibiteurs d'adrénaline aux humains.

C'était jusque-là plutôt rafraîchissant... comme le témoignage secret d'une époque révolue qui n'est relayée par aucun livre autorisé... et puis... il a évoqué notre arrivée à Orléans en 2058. C'était donc lui, cet homme qui n'avait passé que quelques jours avec nous chez Mamie. Je me souviens d'une forte dispute le dernier soir : des cris, des mots hurlés, avec retenue, cependant, mots incompréhensibles pour la petite fille que j'étais... mais ces mots, obscurs à l'époque, me sont revenus en mémoire avec une clarté violente : « infanticide, ma fille aussi, trahison, meurtrière, coupable... » Je me souvenais d'une porte claquée, aussi, et de l'absence du monsieur le lendemain, tandis que Mamie cachait ses yeux rougis derrière des lunettes filtrantes de protection maximale. Mais j'avais oublié pendant vingt ans les mots, qui auraient pu poser un doute sur notre vie.

Sébastien Marolas est un homme doux, gentil et triste. Romain et moi ne pouvons que le croire, même si l'horreur appelle le déni.

Mamie Marie, qui m'a avoué il y a presque un an avoir commis un meurtre dans un train pour nous sauver la vie, Mamie Marie mon héroïne, notre sauveuse a fait de nous des orphelins. Elle a assassiné papa et maman.

Romain ne parle pas, mais j'ai peur de lire dans ses yeux : « Elle aurait dû nous laisser mourir. » Parce que c'est la première pensée qui m'est venue. Tuer les parents pour sauver les enfants... L'a-t-elle fait pour nous ou pour elle ?

Des pensées ignobles me viennent et j'ai besoin de les écrire. Si nous cessons de payer le dispensaire, ils laisseront Mamie mourir naturellement, cessant de l'alimenter par sonde, stoppant la surveillance cardio-respiratoire. Elle mourrait alors de faim, de déshydratation ou de détresse cardiaque ou respiratoire.

Cela peut prendre d'un jour à plus d'une semaine. Tout dépend de ce qui lâche en premier : reins, cœur, cerveau ?

Comment imaginer laisser périr de la sorte une des personnes que j'ai le plus aimée ? Pour qui a-t-elle agi ? Pour ne pas se retrouver seule et donner du sens à sa pauvre vie en ayant deux jeunes enfants à élever ? Pour bénéficier des crédits de tutelle ? Pour profiter du système qu'elle rejetait ? Pour garder la lignée vivante dans un monde qui arrive pourtant à sa fin ?

Je me souviens de nos longues conversations. De ce qu'elle déversait dans mon esprit jeune et influençable, en questions, en histoires, en exemples. Elle m'a appris à penser et a été choquée que je souscrive au protocole de contrôle émotionnel. Ce protocole médicamenteux ne nous enlève pas toutes nos émotions, mais il les maintient en dessous d'un seuil critique, évitant toute souffrance inutile. Je me souviens de notre petite dispute à ce propos, j'avais 17 ans :

— Mais ma chérie, tu ne peux pas te couper de tes émotions ! Ce sont elles qui nous différencient des machines !

— Mamie, je ne serai pas coupée, juste « atténuée »…

— Mais ça revient au même, Emma ! Tu ne sentiras pas toute une gamme d'émotions qui te permettraient de faire des choix conscients !

— Mais j'aurai le nécessaire pour faire les choix les plus importants ! Et puis cela m'évitera de souffrir ce que j'ai souffert l'an dernier en tombant amoureuse…

— Mais… prendre le risque d'aimer, c'est prendre le risque de souffrir… si tu refuses toute souffrance, tu refuses toute joie aussi !

— Ma décision est prise. J'ai trop souffert. Je ne veux plus de ça. Je ne suis pas comme toi, Mamie. J'ai souscrit de toute façon, c'est trop tard. On me pose l'implant demain matin.

Son regard s'était éteint un petit peu, ce soir-là. Et il paraît que le mien était éteint dès le lendemain soir.

Et me voici, 13 ans plus tard, avec une dose bien suffisante de cortisol dans le corps pour sentir à quel point je suis affectée par tout cela. Mais cette impression, pour la première fois depuis que j'ai l'implant, qu'une partie de moi n'a pas voix au chapitre alors qu'elle le devrait.

* * *

15 juin 2079, 21 h 58
Appel d'urgence au docteur F2498

— Bonjour, Docteur, ici Romain M.
— Oui, je vous reconnais, Romain. Bonjour. Oh là là, vous avez les traits tirés, ou alors c'est la transmission qui est parasitée ?
— Non, ça fait 3 semaines que je dors très mal.
— Ah d'accord… je vais vous faire envoyer une molécule.
— Non merci, Docteur, ce n'est pas pour moi que je vous appelle, en fait.
— …
— C'est pour, heu… un ami…
— Romain, je vous arrête tout de suite. Vous savez que la loi sur la délation imposée m'obligera à outrepasser la discrétion médicale afin de fournir l'identité de toute personne qui enfreindrait une règle. Réfléchissez bien avant de me mentir, Romain. Tout d'abord, cet « ami » a-t-il commis ou est-il en passe de commettre un acte défini comme criminel par le code 875 ?
— Oui.

— Cet ami est-il implanté de son plein gré concernant la régulation émotionnelle ou a-t-il été diagnostiqué et contraint ?
— Plein gré.
— Depuis combien de temps ?
— Heu... 17 ou 18 ans...
— D'accord. Cet ami est-il dans une situation qui pourrait justifier d'un débordement émotionnel ?
— Oui.
— Est-il considéré comme d'utilité 1 à 4, 5 à 8 ou supérieure à 8 ?
— Supérieure à 8.
— Quel degré ?
— 12.
— Ouh là là... Dites-moi, vous fréquentez du beau monde. D'accord... donc ça signifie une peine mineure si preuve de délinquance non majeure par le code 875. Cet ami a-t-il commis ou est-il en passe de commettre un acte de catégorie 1 ?
— Non.
— Catégorie 2 ?
— Non.
— Catégorie 3, donc...
— C'est ça.
— Bien. Avant de continuer, je vous informe donc de vos droits et obligations vu la nature de la personne sur qui porte votre question : en tant que citoyen d'utilité 12, implanté de son plein gré il y a plus de 10 ans, qui a commis ou est en passe de commettre un acte de délinquance en rapport avec le code 875, catégorie 3, donc majeure, vous êtes dans l'obligation de décliner le matricule de la personne et d'accepter de témoigner lors de l'audience. La personne en question est passible d'une amende allant de 150 à 300 crédits médicaux et d'un emprisonnement à domicile pour une période pouvant aller jusqu'à 3 ans. Son statut

de type 12 le protège de toute sentence supérieure. Souhaitez-vous continuer ou préférez-vous raccrocher ?

— Je reste en ligne.

— Parfait, alors cette personne est-elle passée à l'acte ou pas encore ?

— Elle l'a fait.

— La nature précise de son geste ?

— Elle a enlevé son implant...

— ...

— *On a besoin d'un service d'urgence, Docteur, il y a du sang partout.*

— D'accord, Romain, vu votre assurance, je peux vous envoyer un urgentiste à domicile... Donnez-moi le matricule de cet hystérique qui s'est charcuté le ventre ?

— IMNS467422IMNS12.

— Parfait... Et la nature exacte de votre lien avec cette personne, Romain ?

— C'est ma sœur.

* * *

La douleur n'est pas arrivée tout de suite. Emma l'a sentie seulement une fois l'implant retiré. La sensation de coupure sur sa peau fut très supportable. Elle avait repéré la marque de l'implant en dessous de ses côtes à droite, un petit point à peine visible, et avait planté la pointe du couteau perpendiculairement à sa peau. L'incision qu'elle se fit en tremblant n'était pas très nette, mais suffisamment longue et profonde pour lui permettre de toucher le petit boîtier. Sensation très désagréable mais supportable en plongeant ses doigts à l'intérieur. Elle sentit le petit boîtier et fut surprise de ne pas avoir plus mal que ça en coupant à tâtons les adhérences que son corps avait produites tout autour de la boîte en titane. Le dispositif était conçu pour rendre la zone quasi insensible et éviter toute sensation désagréable au porteur. Mais une fois le boîtier arraché, Emma eut l'impression d'avoir été étripée vive. Son flanc coupé sur 10 cm vomissait un flot de sang et sa chair à vif pendait un peu à l'extérieur. La vision de cette automutilation sanglante la prit à la gorge et elle s'écroula au sol. Quand Romain, qui jouait avec ses neveux dans la cuisine, entendit le bruit sourd du corps tombé, il courut à la salle de bains et trouva sa sœur inanimée, baignant dans une petite mare de sang, un boîtier en titane dans la main gauche.

Les secours purent la soigner sur place et un avis de délinquance de type 3 lié au code 875 fut émis.

* * *

Journal d'Emma M.
Juillet 2079

Ça fait 2 semaines que j'ai retiré le boîtier. Romain a dû aller témoigner le lendemain de mon acte. Ma sentence va m'être communiquée d'un jour à l'autre. Puis on me réimplantera un autre boîtier.

Ça fait 2 semaines que, peu à peu, les émotions se sont réveillées en moi. Je n'ai pris aucune des molécules prescrites par le médecin qui m'a soignée. Il m'avait prévenue : « Si vous ne prenez pas ces cachets, ça va faire mal. » Je n'ai jamais vraiment souffert dans ma chair, dans ce monde aseptisé où tout est fait pour que la douleur physique ne réveille ni notre combativité ni un désir de révolte face à la dureté de la vie. Idem pour la douleur morale depuis l'implant. J'avais cru souffrir le maximum possible quand, après être tombée éperdument amoureuse d'un ingénieur de mon âge, je m'étais fait rejeter du jour au lendemain pour une pimbêche de classe 13. Le summum. Rien au-dessus.

Et cet abruti, de classe 11, lui, tout content de m'annoncer sa future ascension sociale et professionnelle grâce à cette relation prometteuse. Il s'était fait implanter, puis m'avait plantée. Et moi, j'avais tellement eu mal que même la tendresse de Mamie ne m'avait pas soulagée. J'avais cru toucher le pire, émotionnellement parlant, mais ce que j'ai vécu ces 2 dernières semaines, c'est... indicible. Ravagée, traversée de part en part par des lames brûlantes de détresse, de tristesse, de colère... toutes ces couleurs que j'avais connues il y a bien longtemps, lors d'épisodes divers dans mon enfance, mais n'atteignant jamais une telle intensité. La violence et la fulgurance de ces ressentis déferlant à chaque minute m'ont fait douter de moi, de la réalité, de ma propre sanité. J'ai cru, vraiment, devenir folle. Mais depuis hier, un certain calme est revenu. Bien sûr, je sens toujours à « fleur de peau » ces décharges électriques, mais elles sont moins tenaces. Et chose étrange, durant tout le temps où j'étais submergée par ce tsunami émotionnel, je ressentais également par moment un amour décuplé pour Isabelle et Tom, une affection profonde pour Romain, des souvenirs d'enfance remontaient à la surface de mon esprit. Et puis mon amour pour Mamie, que je croyais sentir assez nettement avec l'implant... je me suis aperçue que cet amour était bien plus grand que ce que je croyais. Je la décrivais avec tendresse, mais sous cette tendresse était une mer de tendresse, bien plus vaste, que je ne sentais pas. Mes enfants... l'odeur de mes enfants me fait frissonner d'un plaisir que je n'ai jamais connu. Le contact de leur peau m'émeut et me chavire. J'ai réalisé qu'on m'avait privée de certains affects quand j'ai accouché... Le déferlement hormonal contrôlé à l'hôpital par des injections subtilement dosées m'avait privée d'un attachement profond à mes propres enfants ! Restait un attachement raisonnable, créant du lien modéré afin de poser les jalons équilibrés d'une maternité bienveillante, sans plus. Je comprends pourquoi je n'ai jamais pu faire pour eux et avec eux ce que Mamie avait fait pour nous. Elle était entière, elle. Complète. Pas mutilée. Je saisis mieux l'image qu'elle m'avait suggérée, celle du membre anesthésié qui ne sent pas la douleur, mais pas la caresse non plus. Se couper de la souffrance, c'est aussi se couper du plaisir. J'ai cru mourir, ces deux dernières semaines. Pas physiquement, mais psychiquement. Des tas de souvenirs sont remontés à la surface, comme libérés d'un lieu secret dont je venais de retrouver la clef. Papa, Maman… leur regard obstinément triste la dernière semaine avant le départ. Leurs sourires tordus la veille du train… leurs gestes saccadés, tremblants. Le doute, la peur, la honte. Ils voulaient mourir pour leur idéal, et nous faire mourir avec eux. Pour nous éviter la souffrance, ils nous refusaient la vie.

Je me suis souvenue d'une discussion avec Mamie sur ces gens haut placés atteints de pathologies pas encore curables qui choisissaient d'être placés en coma artificiel en attente de la découverte d'un traitement approprié. J'avais 14 ans et j'avais demandé à Mamie :

— C'est comment le coma ?

Elle avait ri…

— Je ne sais pas, ma chérie, je n'ai jamais été dans le coma… mais il paraît que certains ne sentent rien, et que d'autres sentent tout… Ça doit dépendre de la profondeur : coma léger, coma profond… Ce que je sais, c'est que j'aimerais mieux mourir que d'être dans le coma !

* * *

Un an d'emprisonnement à domicile. Une amende de 290 crédits médicaux. En gros, je n'aurai droit à aucune amélioration pendant 29 ans. Résidence surveillée. Appels quotidiens du centre de surveillance. Voilà ce qui m'attend pour la prochaine année.

La sentence prendra effet ce soir à minuit. Il me reste 12 h de liberté. Romain et moi allons partir pour le dispensaire et prendre une décision.

La mienne est déjà prise. Puisque la liberté m'échappe, je vais libérer Mamie.

* * *

Emma et Romain signèrent le formulaire d'euthanasie. Elle put retenir ses larmes. Peut-être grâce au boîtier réimplanté la veille. L'infirmière leur demanda s'ils souhaitaient assister à la procédure. Romain refusa, mais Emma tint à être présente. Elle prit la main de Mamie Marie dans la sienne et ne la lâcha que lorsqu'elle sentit que sa grand-mère n'était vraiment plus là. Ce fut quelques minutes après que l'électrocardiogramme était devenu plat. Pendant ces minutes où le « biiiiiiiip » de la machine tapissait la pièce d'un fond sonore continu, Emma goûta à quelques souvenirs avec sa grand-mère, les discussions qui l'avaient marquée et dont elle avait pu retrouver le souvenir précis durant sa pause de deux semaines sans implant. Elle goûta au souvenir de la voix suave et calme, goûta encore au souvenir du regard vert de sa tendre grand-mère, goûta l'odeur douce de sa tutrice aimante, goûta les mots de celle qui avait choisi de la sauver 20 ans plus tôt...

— Mamie... pourquoi tu nous as pas laissés avec papa et maman ? Il paraît que le gouvernement ne fait pas mal du tout quand ils nous tuent...

— Ma chérie, là où il y a de la vie, on peut toujours trouver du sens. Je n'étais pas d'accord avec tes parents. Ils avaient renoncé à donner du sens à leur vie en dehors du cadre où ils s'étaient réfugiés. Je n'ai pas pu vous laisser, toi et Romain. Vous étiez trop chers à mon cœur. Trop précieux aussi, dans ce monde qui s'écroule. J'ai toujours su que vous pourriez jouer un rôle et que votre potentiel pouvait se révéler pour votre bien et celui des autres.

— Tu dis ça à cause des tests ?

— Même avant les tests, je le savais…

— J'aurai le droit d'avoir un bébé en plus ?

— Oui, ma chérie, même deux !

— Et je pourrai choisir mon métier ?

— Oui, ma chérie, mais seulement entre les 3 catégories prioritaires qu'on t'a expliquées après les tests…

— Je ne sais pas quoi choisir…

— Tu sais que nous n'avons pas le droit d'en parler, Emma. Je risque gros si un de tes professeurs découvrait que j'ai cherché à influencer ton choix.

— Je sais, Mamie. C'est juste que… je ne sais pas « comment » choisir.

— Tout ce que je peux te conseiller, c'est d'écouter ton ressenti… Quand tu penses à telle ou telle option, observe comment tu te sens, comment ton corps réagit, que te dit « ton cœur »… Choisis avec intuition.

— Il y a une des trois options qui me fait « du bien » quand j'y pense… mais je crois que c'est la plus difficile…

— Peu importe la difficulté. Si c'est ton cœur qui parle, suis-le.

Emma lâcha la main inerte de sa grand-mère. Elle rentra chez elle, où elle attendit la visite de son agent de surveillance, qui lui posa le bracelet électronique qu'elle allait porter durant une année entière. Pendant une année entière, elle ne pourrait pas accompagner ses enfants hors du domicile. Romain prendrait une année sabbatique pour l'aider. Et elle pourrait travailler de chez elle. Poursuivre ce travail qu'elle avait choisi avec son cœur.

* * *

Juillet 2080
Université de Tours IX, quartier sud

Emma M. entra dans l'amphithéâtre où elle allait donner son cours en présentiel pour la première fois depuis plus d'un an. Les étudiants étaient enthousiastes. Ils connaissaient la réputation d'excellence de cette enseignante, citoyenne de classe 12, qui allait leur transmettre les connaissances nécessaires à l'accomplissement de leur cursus en recherche psychiatrique. Futurs médecins, chercheurs en neurologie humaine, intelligence artificielle ou consultants en éthique.

Pendant un an, elle avait continué à concevoir des cours chez elle. Elle les envoyait à un collègue qui donnait les cours à sa place, et avait pu assister des étudiants par visioconférence également.

L'avantage de cette société délatrice, c'est qu'une fois la sanction posée, si elle n'était pas létale, le citoyen était considéré comme « lavé » de ses péchés. Dans le système T.U.D.E.S., les décideurs considéraient normal que des gens, en particulier les mieux cotés, passent par des crises existentielles pouvant mener à des actes répréhensibles, et qu'une fois la sanction appliquée, ceux-ci avaient droit à une seconde chance. Il n'y avait pas de troisième chance, cependant. Si un second épisode dissident devait survenir, la personne pouvait être fortement déclassée, soumise à une surveillance à vie, ou, si le quota de surveillés ad vitam était trop élevé, la pièce défectueuse était sortie du système. Euthanasiée. Au nom de l'écologie, de l'ordre.

Portant une main tremblante sur son flanc droit, Emma s'approcha du pupitre. Derrière elle, l'écran blanc géant projetait une clarté qui rayonnait jusqu'aux plus hautes rangées de l'amphi. Emma inspira plusieurs fois, supportant une douleur lancinante, dépliant son buste autant qu'elle le pouvait. Elle regarda la foule de jeunes, âgés entre 16 et 18 ans, tous brillants, 500 étudiants qui s'apprêtaient à boire ses paroles.

Elle commença son cours en posant une question :
— Qui parmi vous est implanté ? Bouton rouge pour « oui », bouton vert pour « non ».
Le nombre « 498 » en rouge s'afficha sur son écran de contrôle.
— Qui parmi ceux qui sont implantés l'ont fait de leur plein gré ? Bouton vert si de plein gré, rien si imposé.
495 verts.
— Très bien. Je vais donc demander aux 495 étudiants de cette salle de cours qui ont été implantés de leur plein gré de quitter le cours.

Silence consterné, suivi de vagues de protestations fusant de toutes parts, des étudiants qui se lèvent.
Emma sourit de sa provocation et ajouta dans le micro, d'une voix posée :
— Asseyez-vous. Je plaisantais.
Quelques rires, rires de soulagement plus que rires francs.
— Quel est le rôle des émotions dans la vie des humains ? Quel est leur rôle et quelles peuvent être leurs conséquences au niveau sociétal ?

Écran de contrôle : une « question urgente ».

— Oui, question ?

Un étudiant pâle se leva, muni du petit micro connecté à son pupitre.

— Madame, pardon, mais vous nous aviez envoyé le plan de cours, et le 1er cours ne fait pas mention de cette notion. Nous devions commencer par l'histoire de la psychiatrie au XXIe siècle...

— Oui, merci, c'est une bonne question... en fait, non : ce n'est pas une question. C'est une remarque, une objection, même... Nous commençons ce premier cours de l'année par une réflexion d'éthique, jeune homme, avant de pouvoir embrasser la matière inerte des savoirs.

Nous partirons du principe qu'un savoir ou un savoir-faire ne peut se développer efficacement qu'en fonction du savoir-être.

Autre « question urgente » sur l'écran... C'est bien, les jeunes réagissaient... Il y avait quelque chose de réactif, de vivant.

— Oui, question ?

— Madame, dit une jeune fille qui bondit de son siège, le savoir-être, c'est notre implant qui nous le donne... Tant que l'émotionnel est contrôlé un minimum, on peut être plus efficace et passer aux apprentissages, à la mise en application, tout ça, sans avoir à gérer nos propres émotions, nos pulsions, tout ce qui nous éloigne de l'objectivité scientifique. Je ne comprends pas pourquoi vous allez aborder ce sujet des émotions. C'est comme parler de la meilleure manière d'éloigner les moustiques, alors qu'il n'y a plus de moustiques depuis 50 ans !

— Jeune femme, nous avons au moins deux moustiques dans cette salle...

Rires plus francs, cette fois.

Emma se sent faible. Le gros pansement collé à son flanc est imbibé. Elle a mal géré.

Emma sait quel sang coule dans ses veines : celui d'une femme rebelle et pour qui la vie valait la peine d'être vécue, coûte que coûte, jusqu'à ce que... Elle se sent flancher. Rester debout. Ces jeunes forment une chorale de boîtiers régulateurs, les hormones distillées dans leur sang laissant la part belle au néocortex qui ne fait que gober des informations, analyser, retransmettre, leurs cœurs qui battent au rythme parfait de 70 pulsations par minute, la douleur dans le flanc d'Emma devient si lourde, plus lourde que tous les secrets de famille qui lui ont été révélés. Pourtant, il y a deux moustiques dans cette salle. Elle pense à ses enfants. Deux moustiques. Elle voit leurs sourires, elle perçoit leurs odeurs dans une inspiration saccadée de douleur et s'écroule au pied du pupitre. Deux moustiques.

Juste du sexe

1 – Châtellerault City

— Bonjour, Mademoiselle… Je voudrais connaître les horaires pour les trains vers Paris, s'il vous plaît…

Il regarde la fille derrière le comptoir, si jeune, si blasée, se forçant à être aimable.

Elle ne l'a pas regardé, lui si vieux, si faussement enthousiaste, se forçant à jouer à l'usager jovial et conciliant, le genre de mec qui dit qu'on a raison de faire la grève, même si ça le fout dans la merde jusqu'au cou, et même s'il est crevé et va rentrer chez lui avec 5 h de retard parce que d'autres ont voulu défendre leurs droits sur le dos du bon peuple pour se faire entendre par un gouvernement élu par ce même bon peuple. Mais quel bordel.

Elle se dit que le pauvre, il va en chier pour retourner à Paris…

Lui se dit que la pauvre, elle n'a pas de bol d'habiter dans une petite ville comme Châtellerault, c'est vraiment minable comme coin, presque paumé, desservi par le TGV, à 1 h 30 de Paris, OK, mais pour quoi faire ?

— Celui de 18 h est annulé, donc… il vous reste celui de 21 h 30, Monsieur.

— Parfait, merci, de toute façon, je n'ai pas le choix. Je vais prendre une place en 1ère dans celui de 21 h 30.

— Ah, désolée, plus de place en 1ère. Je vous mets une seconde classe ?

Va pour la seconde... avec un peu de chance, il va se passer un truc intéressant et le voyage sera moins chiant que d'habitude. L'année dernière, pendant un trajet Lille-Paris en TGV, en seconde classe, une femme infidèle s'était fait ramasser par son mari au téléphone devant tout le monde. Parce que les gens utilisent rarement l'espace dédié aux appels, elle avait répondu tout fort, et chacun avait pu entendre la voix du mari.

— C'est qui, Guillaume ?

Silence de 2 secondes et demie...

— Pierre-Marie, je ne pense pas que ce soit le moment, là... je suis dans le train, j'arrive dans 3/4 d'heure, on va discuter...

— Non, on ne va pas discuter, je sais tout, Marion....

On ne pouvait pas entendre toutes les paroles du mari, mais les passagers à moins de 2m50 de Marion pouvaient entendre les vociférations du cocu à l'autre bout de la ligne...

— Pierre, calme-toi, je te rappelle en arrivant...

— Nooooooon ! Tu ne me rappelles PAS ! Tu ne me rappelles JAMAIS ! On se reverra chez l'avocat !

Sourires en coin des usagers, plus ou moins discrets, certains enchantés d'avoir assisté à une scène en direct, d'autres trop blasés pour être touchés, mais légèrement amusés par l'incident. Visage décomposé de Marion.

Guillaume s'était senti particulièrement concerné, puisque l'amant portait le même prénom que lui. Il s'était amusé à s'imaginer être LE Guillaume de Marion, lui, l'amant, dans les bras duquel cette charmante brune d'une trentaine d'années, mince et d'allure sportive, aurait préféré passer quelques moments d'intimité plutôt que de faire cuire un rôti à son pauvre mari.

Amusé... et puis la tristesse était revenue d'un coup, comme un voile qui tombe sur la réalité. Tromper, aimer, être fidèle ou pas, aller jusqu'au bout, hésiter, vouloir effacer des pans entiers de sa vie, avoir des regrets, avouer, s'excuser, renoncer. Rompre.

Divorcer. Quitter. Il aurait pu écrire un guide touristique de l'infidélité banale, avec ses centres d'intérêt, ses écueils à éviter, les pièges à déjouer, ceux dans lesquels tomber pour se sentir enfin un peu vivant.

Guillaume avait été infidèle, comme ça, sans y penser. Il l'avait payé très cher.

Parlant du passé, il envoie un SMS à Isabelle pour l'avertir de son retard. Il ne pourra pas prendre les enfants comme prévu, ça fera trop tard, ils dormiront quand il arrivera à Paris. Il les prendra demain matin à la première heure.

Il lui reste donc 4 heures à tuer dans cette petite gare de province, à deux pas du centre-ville joli mais désert, qu'il avait traversé à pied une demi-heure auparavant. Y retourner ? Aller boire un verre dans la rue principale quasi inanimée ? Pourquoi pas. Il n'a pas de bouquin, n'aime pas les magazines et a déjà lu le journal.

Guillaume marche d'un pas décidé, roulant sa petite valise sur les vieux trottoirs comme on promène un chien trop vieux qui tire en arrière, boulet de poils, truffe baissée.

L'air est doux ce soir de mai.

Il arrive devant un café classique, s'assoit, commande un café-crème et regarde autour de lui. Une bande de jeunes traîne sur la place, parlant fort, provocateurs, insolents de jeunesse et d'énergie, mais ils ont l'air paumés, ces jeunes qui traînent là… Que font-ils de leurs soirées après l'école ? Guillaume se rappelle ses 17 ans à Orléans, place du Martroi, devant la statue de *Jeanne d'Arc à cheval*… la cathédrale pas loin, les rues qu'il arpentait pendant des heures avec son meilleur ami Saber, tous deux fuyant leur maison trop grande et vide pour l'un, et appartement trop petit et trop plein de cris pour l'autre.

Il revoit le visage de Saber, son sourire, se rappelle leurs fous rires en cours au lycée Jean Zay, leurs sorties sans but le soir dans la ville. Grande ville ou petite ville, Guillaume se plaît à penser que les solitudes restent les mêmes, les désœuvrements aussi, que les peines et les joies des uns des autres se ressemblent. Par une logique chronologique, il se souvient de cet été de ses 17 ans, qu'il avait passé en Grèce, à Mykonos, travaillant au noir dans un photoshop pour touristes, où il développait des films de vacances avec un cousin de son beau-frère grec. Sa sœur avait épousé un Grec deux ans auparavant et y vivait avec sa petite fille et son mari. Cet été-là, Guillaume avait eu sa première expérience sexuelle avec une fille, une danseuse de 25 ans qui bossait dans un club de striptease. Elle était grecque, mais son père était français, et elle parlait la langue de Molière avec un accent absolument charmant, zozotant et roulant les «r», chantant des intonations improbables dans ses phrases construites de façon aléatoire. Sa peau était douce et mate, ses épaules carrées, ses jambes longues, sa bouche généreuse... Zoé avait des yeux de chat et un sourire magnifique. Elle lui avait offert sa première nuit d'amour physique et, deux jours plus tard, il l'avait revue au bras d'un touriste anglais... Sourire entendu, sourire rendu, grosse claque dans la gueule. Pas qu'il s'imaginait une grande et belle histoire d'amour, mais, à tout le moins, un peu plus de décence. Il avait détesté sentir cette jalousie pour une fille qui ne lui avait rien promis, qui vivait de ses charmes en se dévêtant toutes les nuits devant des inconnus alcoolisés, vulgaires et tapageurs. Voilà, c'était sa première fois.

Un cri le fait sursauter : les jeunes font mine de se bagarrer, se bousculent, s'insultent. Le serveur leur crie d'aller jouer plus loin, les jeunes rétorquent à peine et s'éloignent en criant plus fort encore. Rires. Guillaume sourit de leur bruyante sortie et se tourne légèrement sur sa gauche. Il aperçoit une femme entre deux âges, seule à une table, l'air sérieux, buvant un thé (il voit le sachet posé sur la coupelle). Elle est en train d'écrire.

Il lui imagine une vie : femme célibataire sans enfant, avec un petit boulot plan-plan, qui s'ennuie et passe certaines soirées à écrire des billets pour un blog inintéressant traitant de cuisine ou de photographie peut-être, espérant se faire accoster par un homme avec qui elle pourrait vivre un peu d'aventure pour oublier la vie qu'elle n'a pas. Déprimant. Elle n'est pas très jolie, mais pas moche non plus. Châtain, les cheveux longs, pas trop petite ni trop grande, un peu grasse, des jambes pas mal... ma foi... ça le fait. Guillaume regarde sa montre et se dit qu'il n'a rien à perdre.

Il se tourne plus franchement, se penche et aborde l'inconnue penchée sur sa feuille griffonnée.

— Vous êtes écrivain ?

La femme relève la tête, le regarde d'un air gêné et répond un peu timidement :

— Heu, non non... Je remets mes notes de travail au propre.

— Vous travaillez dans quoi ?

— Je suis psychologue.

Merde, une psy ! Voulant improviser sur le ton de l'humour qui n'engage à rien et permet de botter en touche au besoin, il hésite entre plusieurs réparties toutes plus fadasses les unes que les autres.

Et, heu... c'est une psychopathologie les hommes qui abordent les femmes à une terrasse de café ? Non, c'est nul... Heu, vous devez en avoir des patients dans ce trou perdu ? Non, c'est trop frontal... Psychologue ? Je suis allé en voir une quand j'ai divorcé... non, mais elle s'en fout...

Guillaume n'a pas le temps de choisir parmi ses perles, la femme lui renvoie la question :

— Et vous ?

— Heu, moi ? Je suis consultant en entreprise.

— Ah oui ? Le monde de l'entreprise, je connais un peu, je fais parfois des interventions... C'est intéressant comme milieu...

Non, mais quelle grosse conne, elle se prend pour une zoologue qui observe des spécimens sur le terrain ou quoi ?

Mais il se drape dans une attitude un peu snob :

— Oui, c'est intéressant, il faut connaître les codes, savoir comment gérer les équipes, animer les groupes...

— Oui, et puis surtout, c'est un univers clos où se rejouent parfois beaucoup de choses très humaines et personnelles...

Humaniste, la dame ? Très bien, si elle veut se la jouer sur ce ton-là.

— Oui, il faut savoir être à l'écoute...

— Parlant d'écoute, je crois que votre téléphone est en train de sonner.

Guillaume prend conscience de la musique qui émane de sa poche de veston. Il prend son téléphone et regarde l'écran... Isabelle... Bon, il ne manquait plus que ça.

— Allô ? Oui, je suis bloqué à Châtellerault là... mais je t'ai envoyé un message : le prochain est à 21 h 30... oui oui oui, t'inquiète, je passerai les prendre demain matin super tôt... oui, je sais... oui, tu me l'avais dit... non, pas de souci.... Arrête ! T'inquiète pas, je serai là, je te dis ! 7 h 30, oui, OK. OK, à demain.

Silence gêné le temps de ranger son téléphone.

— Ça fait longtemps que vous êtes divorcé ?

Ça y est, elle joue à Madame Irma, la psy...

— Deux ans... mais comment pouvez-vous être si sûre que je suis divorcé et non pas veuf, par exemple, laissant mes enfants à ma sœur ou à une amie pendant que je suis en déplacement ?

La psychologue sourit doucement :

— D'un, vu votre physique et votre attitude, je ne pense pas que vous soyez homme à avoir renoncé à la séduction. L'infidélité reste un motif de divorce assez répandu. De deux, votre annulaire a gardé la marque très discrète d'une alliance longtemps portée. De trois, vous auriez parlé à votre sœur avec plus de douceur et moins d'énervement dans la voix, pareil avec une amie qui vous rendrait service...

Guillaume sent le rouge lui monter au visage. Pour qui elle se prend avec ses analyses rapides à deux balles, celle-là ? Il pensait que les psys devaient rester neutres et ne pas émettre de jugement ou tirer des conclusions trop hâtives... Bon, enfin, en même temps, c'est vrai qu'il n'est pas en séance privée là, et il a abordé cette femme avec le culot naturel d'un dragueur un peu lourd.

— OK, 3 sur 3. C'était mon ex-femme, elle m'a quitté parce que je l'avais trompée, et oui, je suis un homme qui aime les femmes et qui n'a pas envie de renoncer à tout ça pour s'engager dans une relation pépère pleine d'ennui et où le désir fout le camp en moins de 5 ans. Voilà. Vous êtes contente ? Vous allez le marquer dans vos notes ?

Son ton est plus animé qu'il ne l'aurait voulu. Il a senti une vague agressivité poindre son nez, cette colère qui émerge parfois quand on lui parle responsabilité, engagement, renoncements, âge adulte.

La psychologue a souri cependant, encore, et avec encore plus de douceur...

— Pourquoi vous sentir si coupable, alors ?
— Bon, écoutez, je suis coincé ici pour les 3 prochaines heures, je vous ai abordée parce que vous voir écrire m'a un peu intrigué, et puis vous avez de jolies jambes, mais j'ai pas envie d'une séance gratuite là...

Elle a de jolies jambes et un joli sourire. Et des yeux verts qu'il n'avait pas si bien vus au premier regard. En fait, elle serait plutôt franchement jolie, cette psy... Ça y est, il fait un transfert... La psy qu'il avait vue pour quelques séances après le divorce lui avait expliqué cette notion lors d'une séance où il lui avait carrément fait du plat. Faut dire que la fille était une bombe. Ressemblant à la danseuse grecque de ses 17 ans... alors forcément, ça avait réveillé quelques ardeurs en lui... Mais bon, là en trois minutes, qu'est-ce qui lui prend de faire un transfert ?

— Ce n'était pas une séance gratuite...

— Quoi, vous allez me demander 80 euros ?

— Nous sommes dans une petite ville ici, 50 euros suffisent. Mais vous ne me les devez pas, ceci n'est pas une séance, mais une conversation d'adulte à adulte. Mais je reste toujours dans une posture d'écoute et d'ouverture, même en dehors des heures de travail. L'humain est trop précieux, trop fragile et trop riche pour qu'on se prive de la vérité en portant des masques ou en faisant semblant...

Eh ben... si elle est mariée, son mec ne doit pas rigoler tous les jours...

Tiens d'ailleurs c'est le moment d'en savoir plus... Elle porte un anneau en or autour de l'annulaire gauche...

— Et votre mari, il en dit quoi de votre posture ?

— Il en est très content, même si parfois, ça le fait un peu chier, mais il reconnaît que ça aide, globalement, à ne pas perdre le nord...

OK, bon, elle est psy, elle est mariée, elle n'est pas snob... femme fidèle, sérieuse, rien à en tirer à part une conversation qui commence déjà à le barber. Guillaume se demande comment il va se sortir de là et maudit sa propension à aborder des femmes avec autant de légèreté...

— Si vous voulez, il y a un hôtel pas loin...
Le choc. Elle a bien prononcé ces mots ? Il a bien entendu ou il y avait de la meth dans son café crème ? Ou alors la fatigue ? Le stress ?
— Par... pardon ?
— Je dis : si vous voulez, il y a un hôtel là-bas... petit, pas cher, sympa...
Ça alors ! Elle lui fait des avances sexuelles même pas déguisées, même pas subtilement, mais comme ça, d'une traite ??? Guillaume se demande s'il n'est pas tombé dans une de ces villes de province où les habitants frustes sont tous plus ou moins débiles et consanguins... un vrai film d'horreur. Si ça se trouve, cette psy est psychopathe et elle va le découper en morceaux dans une chambre glauque...
Et pourtant, une fois passée la stupeur absolue qui l'a pris à la gorge, son sens de l'aventure et son goût pour les situations surprenantes et incongrues reprennent le dessus... sa libido aussi. Ma foi, cette nana est suffisamment bandante pour lui faire passer deux heures agréables au pieu.
— Heu... ma foi... heu... pourquoi pas ? Oui.
La psy sort son portefeuille, paye les consommations, range calmement ses petits papiers et se lève d'un air décidé
— Alors, allons-y...

Sur le chemin qui les mène à l'hôtel, Guillaume ressent quelque chose de désagréable en son for intérieur. Comme s'il était un gamin entraîné vers un jeu pas clair par une femme plus vieille que lui, une incitation à la sexualité qu'il n'aurait pas voulue, curieux et excité, mais mal à l'aise.
Ils marchent côte à côte. La psy s'arrête.
— C'est ici.

Ils entrent dans le hall d'accueil et la psy s'avance au comptoir. L'hôtesse lui sourit.

— Bonjour, Madame Vermaire... La 5, comme d'habitude ?

— Oui, merci, Alice. Ça va chez vous ?

— Oui, ça va... Maman a fini sa chimio... On croise les doigts.

— Je l'ai croisée au marché samedi, je lui ai trouvé bonne mine.

— Oui, elle a meilleur moral aussi. Grâce à vous, hein.

— Non, pas du tout. C'est grâce à elle et grâce à vous, Alice, et votre papa qui l'avez soutenue depuis des mois.

— Ah là là, vous êtes toujours modeste vous, hein.

La jeune femme sourit avec un éclat de reconnaissance dans les yeux.

La chambre 5 « comme d'habitude »... Mais alors cette psy qui a pignon sur rue, que « tout le monde connaît », vient régulièrement dans cet hôtel comme ça, sans que ça ne choque qui que ce soit ? La nervosité de Guillaume monte d'un cran... Il se sent pris dans un mouvement qu'il a peur de ne pas pouvoir contrôler. Il se demande s'il va même pouvoir bander... Il commence à transpirer. Lui qui a l'habitude d'intervenir dans des situations stressantes, de parler devant les gens, d'assurer, lui qui mène la danse avec les femmes qu'il séduit avec un aplomb déconcertant, lui, Guillaume, a 12 ans et demi et va faire dans son froc dans trois minutes.

Ils montent dans la chambre, la psy ouvre la porte. Ils entrent. Elle se tourne vers lui et lui tend la main.

— Au fait, je m'appelle Eva Vermaire. Enchantée.

— Heu... Guillaume Lantier... Ravi...

Sa main est moite et il tremble... Il se dit qu'il doit se ressaisir, ne pas flancher – ce serait bien la première fois qu'il flancherait devant un plan cul ! Après tout, c'est lui qui a abordé cette nana, elle a conclu un peu vite et l'a pris de court, mais... c'est lui, bordel, qui a initié la rencontre ! Alors que diable, il va falloir assurer !

— Bien. Asseyez-vous où vous voulez...

Ah bon... Heu... C'est quoi son truc à Eva ? Elle va lui faire un strip ? Le sucer ? L'attacher ? Lui demander de l'attacher ? Guillaume commence à sentir l'excitation monter en lui. Il vise le lit et s'assoit d'un air aussi détendu que la situation lui permet.

Eva vient s'asseoir près de lui. Elle lui prend la main. Avec douceur. Avec franchise. Guillaume est encore plus déstabilisé. Qu'est-ce qu'elle va lui faire ?

— Alors, Guillaume Lantier... comment vous vous sentez ?

Donner le change... vite vite vite.

— Mais... très bien... un peu surpris, peut-être...

— Non, je veux dire, comment vous vous sentez VRAI-MENT. Vous sentez quoi, là, assis sur un lit d'hôtel dans une petite ville de province avec une psy que vous avez abordée il y a moins d'une heure et qui vous a proposé l'hôtel au bout d'un quart d'heure ?

Guillaume sent son corps s'alourdir. Soit il s'enfonce dans son rôle d'homme sûr de lui et prêt à tout pour une partie de jambes en l'air, soit il se dévoile et joue cartes sur table. Sa nervosité est difficile à masquer. La moiteur de sa main il y a deux minutes, la psy a dû la remarquer. Ses tremblements aussi... Et il y a quelque chose de doux et d'invitant chez Eva, qui ne le menace pas.

— Écoutez, Eva... vous êtes charmante... je vous ai abordée... vous avez réagi plutôt vite... cet hôtel... cette rencontre, c'est un peu, comment dire... improbable... déstabilisant.

— Vous vous sentez déstabilisé ?

— Oui… je ne sais pas… j'aimerais pouvoir vous faire l'amour, mais je ne suis même pas sûr d'y arriver, là…
— Ah, mais… qui vous a dit que je vous proposais de faire l'amour ?
— Ben… mais… l'hôtel… enfin… heu…

Guillaume sent une vague colère monter en lui. Comme un gamin pris en faute et pourtant légitime dans sa position d'homme au bord de conclure… Mais pour qui elle se prend, cette nana ? Quand tu proposes d'aller à l'hôtel, c'est pourtant clair, non ?
— Bon, écoutez, Eva, j'ai compris que vous m'invitiez à vous suivre jusqu'ici pour avoir une relation sexuelle avec moi. Après tout, on ne se connaît pas, je vous ai accostée, vous avez répondu, on a engagé la conversation.
— Et pour vous, un homme et une femme inconnus qui se rencontrent, parlent et vont à l'hôtel, c'est forcément pour du sexe ? Mais si j'avais eu 80 ans, vous auriez pensé quoi ?
— Si vous aviez eu 80 ans, je ne vous aurais même pas abordée.
— Quel dommage… À 80 ans, j'aurais pu vous apprendre plein de choses sur la vie…

Eva sourit, d'un sourire bienveillant, un peu maternel. Guillaume ne la désire plus du tout en cet instant. Il voudrait pouvoir revenir au mode « sexe », mais quelque chose s'est fermé en lui. Il a juste envie de partir. Cette situation est complètement incongrue. Il ne sait même pas s'il osera raconter tout ça à son ami Sébastien…

— Guillaume, si je vous ai invité à me suivre dans cette chambre d'hôtel, ce n'est nullement pour avoir un rapport sexuel avec vous, mais parce que j'ai senti en vous le besoin de parler dans un cadre plus intime.

— Mais non ! Je n'ai aucune envie d'intimité avec vous !!

— Ah bon ? Vous étiez prêt à me sauter à l'hôtel : ce n'est pas intime, ça ?

— Non... Si... enfin, je veux dire, c'est pas pareil !!

— Comment ça ?

— Ben... le sexe pour le sexe, rapidement, vite fait, hop, on se fait du bien, je repars, on n'en parle plus, merci, bonsoir...

— Oui, vous étiez prêt à consommer... du sexe. Mais savez-vous que derrière la consommation de sexe se cache souvent un autre besoin, bien plus difficile à satisfaire ?

— Comment ça ?

— Le besoin de partage, le besoin d'être confirmé, de se sentir exister, d'être important pour quelqu'un... besoin d'une tendresse ou d'affection... le temps d'une baise... Je vous propose de prendre ce temps-là, ici, non pas pour baiser, mais pour répondre à votre vrai besoin.

— Mais je ne vous ai rien demandé !

— Mais si... En m'abordant, vous avez demandé mon attention, mon regard, une confirmation de votre existence d'homme. Et je veux bien vous la donner, mais autrement que par le sexe.

Guillaume se liquéfie sur place. Il sent une détente s'opérer dans son corps en même temps qu'une résistance, quelque chose qui hurle en lui : « MAIS LÂCHE-MOI LA GRAPPE, CONNASSE ! » Pourtant, il ne hurle pas... il se contient... encore surpris par la tournure des choses. Eva lui tient toujours la main.

— Qu'est-ce que ça vous fait, Guillaume, une femme qui refuse de jouer le jeu du sexe pour entrer en relation avec vous d'une manière plus authentique ?

— Écoutez, il y a un malentendu. Je suis coincé dans cette ville pour quelques heures... J'ai pris un café, je m'ennuyais, je vous abordée, j'ai mal interprété votre proposition... Je suis désolé. Je vais partir. Je paierai la chambre, si vous voulez. Ne perdons plus notre temps. Je vais aller directement à la gare attendre mon train.

— Et tenter de trouver une jolie fille à draguer ?

— Ça ne vous regarde pas.

— Si, ça me regarde. Parce que vous ne pouvez pas utiliser les gens comme bon vous semble de la manière qui vous plaît sans prendre vos responsabilités. La prochaine femme que vous aborderez, elle aura la même valeur humaine que vous, que moi...

— Mais enfin, lâchez-moi avec vos trucs, là ! Si une fille est d'accord pour que je la drague et pour finir dans mon lit, pour un coup d'un soir, deux nuits... c'est quoi le problème ? On est entre adultes consentants, non ?

— Je peux vous dire qu'aucune femme, aucun être humain ne veut réellement être utilisé comme objet sexuel le temps d'une nuit ou deux...

— Je peux vous dire que j'en ai rencontré plein...

— Ah oui ? Et elles étaient heureuses, vraiment, de ces rencontres ?

Tout part en vrille dans la tête et le corps de Guillaume. Il voudrait se rappeler les petits coups rapides qu'il a tirés à droite à gauche grâce à des sites de rencontre, mais il se souvient de ses 17 ans, la danseuse grecque, et sa déception à lui, son amertume quand il l'avait revue au bras d'un autre... Il se souvient de Mélissa, la femme mariée rencontrée sur un site, qu'il avait vue plusieurs fois juste pour le sexe, et qui avait fini par lui proposer de prendre de la distance, car elle commençait à éprouver des sentiments trop forts... Guillaume avait refusé et ils avaient continué leur liaison quelque temps... le temps d'un été. Au bout duquel, après deux semaines de vacances en famille, il avait annoncé à Mélissa qu'il préférait en rester là, qu'il ne voulait pas prendre trop de risques, que sa femme avait senti quelque chose et qu'il voulait préserver sa famille... Le regard de Mélissa à l'annonce de leur rupture... il ne se souvenait pas l'avoir gardé aussi précis dans sa mémoire visuelle. Ce regard. Et les mots de Mél : « Je comprends. Mais j'aurais préféré que tu t'en aperçoives avant... J'ai commencé à croire que quelque chose était possible, que si tu avais refusé de prendre de la distance, c'était parce que tu tenais à moi... On peut au moins rester amis, se donner des nouvelles de temps en temps ? » Guillaume avait dit oui, et puis lui avait signifié par mail que finalement non, cela ne lui convenait pas, qu'il préférait couper net. Il ne l'avait jamais revue.

Vite, une autre image, un autre souvenir... un de ces plans cul sympas et « sans prise de tête »... Ah oui, la fille blonde à Nantes, dans cette entreprise en train de couler... il ne se rappelle plus son nom, mais se souvient de ses cris de plaisir dans la voiture :

— Eh bien, je me souviens d'une fille, rencontrée au boulot, dans la voiture... Elle avait l'air heureuse, oui.

— Elle s'appelait comment ?

Putain, mais elle va me lâcher avec ses questions ?

— Je sais pas... je sais plus... Elle était blonde, une vraie blonde, vous voyez ? Un joli petit cul et des seins potelés... Elle avait eu beaucoup de plaisir et moi aussi !

— Et vous êtes ému en pensant à elle ?

— Ému ?

— Oui, celle qui n'a pas de nom... Elle vous a laissé le souvenir d'un plaisir... intense... mais fugace... que savez-vous d'elle, de ce qui a suivi votre petit coup rapide dans une voiture ?

— Ben... j'imagine qu'elle a été très contente et l'a raconté à ses copines.

Eva hoche la tête, pensive...
— Oui, moi aussi, j'ai tiré un coup une fois dans une voiture. J'avais eu beaucoup de plaisir, le monsieur aussi... En nous séparant, il m'avait dit merci... Il aurait pu me filer 100 balles, ça aurait pas été pire... L'heure qui a suivi cette relation sexuelle, je suis allée me souler... pour oublier.
— Pour l'oublier lui ? Vous étiez tombée amoureuse ? Ou alors vous aviez simulé, en fait ?
— Non, j'avais perdu mon père la veille. J'avais eu besoin de m'anesthésier... En sortant de cours, j'étais allée dans un bar... Ce type m'avait abordée, comme vous l'avez fait tout à l'heure... On avait fini par aller dans sa voiture sur un parking glauque... J'avais joui, vraiment, dans mon corps, en tension, j'avais besoin de sentir de la vie là où je venais de vivre une mort... J'avais 23 ans... Cet homme n'a jamais su qui j'étais ni ce que je vivais.
— Mais il vous a apporté du plaisir, c'est beau, non ?
— Mais ce n'est pas de plaisir dont j'avais besoin. Mais de parler, d'être écoutée.
— Ben oui, mais si vous ne le dites pas, l'autre ne peut pas le deviner...
— Mais si... Quand on écoute au-delà des apparences... Moi, j'ai bien deviné votre besoin...
— Quel besoin ?
— De parler, d'être écouté.
— Mais j'ai pas besoin de parler ni d'être écouté !
— Ah bon, mais pourtant, qu'est-ce que vous faites depuis bientôt une heure ? Pourquoi n'êtes-vous pas déjà parti ?

Guillaume toise Eva d'un air mi-figue mi-raisin. Pourquoi n'est-il pas déjà parti ? Pourquoi reste-t-il assis sur ce lit dans cette chambre avec cette psy aux procédés pour le moins inhabituels ? Le malaise qui l'habitait sur le chemin de l'hôtel s'est dissipé. Il a fait place à autre chose. Il se sent toujours petit et vulnérable, mais pas en danger, pas menacé. Juste agacé, titillé. Il ne comprend pas la démarche d'Eva, pourquoi elle fait cela…

— Bon, écoutez, Eva… Vous êtes sûrement quelqu'un de bien, une bonne psy, même si vos méthodes sont…

— Surprenantes !

— … Oui… et pas très déontologiques, peut-être… mais passons. Moi, je voulais juste me détendre un peu… et…

— À quoi pensiez-vous avant de m'accoster ?

— Pardon ?

— À quoi pensiez-vous juste avant de me voir et de décider de m'accoster ?

— Mais… heu… je… ben… Il y avait ces gamins qui parlaient fort et faisaient du bruit… le garçon qui leur a dit de se taire…

— Je ne vous demande pas de me décrire une scène dont j'ai aussi été témoin, je vous demande juste de me dire ce à quoi VOUS pensiez, les images, pensées, sentiments, qui vous passaient par la tête…

Merde. Mykonos, sa jeunesse… la psy… parler de ça à la psy, mais elle allait se régaler.

— Eh bien, je pensais à mon travail, à comment j'allais m'organiser demain matin pour être à l'heure chez mon ex-femme et éviter une dispute à cause de mon retard et la garde des enfants…

— Vous mentez.

— Pardon ?

— Vous mentez. Si vous aviez pensé à tout cela, vous n'auriez pas remarqué les mêmes détails… Vous m'avez décrit les jeunes qui parlaient fort… Si vous aviez pensé à vos enfants, vous auriez remarqué et m'auriez parlé des enfants qui étaient à la table sur votre droite, avec leurs parents. D'autant plus que c'est un peu inhabituel, des parents et leurs enfants sur la terrasse d'un café un dimanche soir en ville à 18 h... Guillaume, dites-moi la vérité...

Surpris par ce qu'il prend pour de la perspicacité, Guillaume décide de jouer la franchise.

— Je pensais à ma jeunesse, à un ami d'adolescence... et j'ai aussi pensé à un été passé en Grèce quand j'avais 17 ans... ma première expérience sexuelle. Voilà, vous êtes contente ?

— Merci de votre confiance, Guillaume.

— M'en fous. Je me demande vraiment ce que je fais ici !

— Et ça vous fait quoi quand vous pensez à votre jeunesse ?

— Comme tout le monde ! Nostalgie, rire, la joie naïve de mes 17 ans... Ça me fait... rien de spécial.

— Vraiment ?

— Ben oui ! Je... Il s'en est passé du temps depuis ! J'ai vécu !

— Et avec le recul, vous pensez quoi de l'adolescent que vous avez été ?

— Je pense que j'ai été trop con et naïf !

— Ah oui ?

— Oui, ma première nana, au lit, je veux dire, elle s'était bien foutue de ma gueule...

— Comment ça ?

— C'était une danseuse de charme dans une boîte... On a couché ensemble, et quelques jours plus tard, elle était avec un autre mec, un autre étranger...

— Vous avez eu mal ?

— Bof... oui, un peu... déçu, blessé dans mon orgueil, quoi... normal, hein, un petit mec de 17 ans... une belle fille comme elle... j'étais fier d'avoir pu la sauter... Pour une première fois, c'était pas mal...

— On n'oublie pas les premières fois de sa vie. Elle s'appelait comment ?
— Zoé...
— Zoé... « La vie » en grec...
— Ouais... la belle Zoé... qu'elle était belle, cette fille.
— Elle l'a fait exprès ? De vous décevoir, de vous faire de la peine comme ça ?
— Évidemment que non ! Toute façon, vu son boulot c'était clair, hein... J'étais le petit puceau français rigolo avec qui baiser une fois, histoire de changer des gros porcs qui la tripotaient dans son bar sordide... voilà quoi. Elle m'avait rien promis, hein !
— Les choses étaient donc claires ?
— Oui.
— Mais vous avez eu mal quand même.
— Oui.
— Vous voyez, Guillaume, le sexe, ce n'est jamais tout à fait anodin ni léger. Pas autant qu'on voudrait nous le faire croire. Que ce soit une première ou une centième fois...

Guillaume baisse les yeux sur le couvre-lit en coton tressé... Il caresse le relief du tissu du bout du doigt tandis qu'Eva tient toujours son autre main dans la sienne. Il repense à sa balade sur la plage devant le soleil couchant... après qu'il avait vu Zoé avec l'autre homme... Il était triste, il était en colère. Il aurait voulu être spécial pour elle. Il avait 17 ans. Il avait pleuré. De rage, mais pas que... Il ne savait pas pourquoi il avait pleuré ce soir-là devant le soleil couchant. Content de n'être plus puceau... mais frustré de ne pas en tirer plus de gloire, plus de joie... et se sentait trahi... déjà.

Bien sûr, à ses copains, au retour des vacances, il avait raconté dans les moindres détails la nuit d'amour passée avec Zoé. Ses seins, ses formes, sa bouche… les « trucs » qu'elle lui avait fait et demandé de lui faire. Mais il n'avait pas parlé de la suite. Il s'était contenté de leur dire : « C'était juste un soir comme ça… Juste du sexe. »

2 – Dans le train

Guillaume marche le long du quai, pas trop près du bord parce que « *le TGV va entrer en gare* ». Autour de lui, des gens agités, certains très énervés par les grèves... le temps perdu, le retard, le planning bouleversé...
Guillaume s'en fout. À Paris, personne ne l'attend. Ses enfants, oui, mais pas avant demain matin, à 7 h 30. Il passera les prendre, essuiera une ou deux remarques de leur mère sur le changement de dernière minute, « C'est jamais ta faute ! » et les « Cette fois-ci, n'oublie pas la piscine pour Appoline mardi soir ! »
Ce soir, il va rentrer dans son appart, seul, las... Il se sent détendu, mais triste. Cette rencontre improbable avec Eva n'a pas encore fini de circuler en lui. Il oscille entre surprise et colère, stupéfaction incrédule et sentiment de s'être « fait avoir ». Et pourtant, il ressent une vague douceur dans sa poitrine. Il sait que s'il avait eu une relation sexuelle, il se sentirait différemment : dynamique (le sexe lui donne toujours la pêche), sûr de lui. Il ne sentirait pas ce truc-là, près de son œsophage, coincé sous les côtes... C'est doux, mais c'est triste. Un voile, un petit quelque chose qui était là depuis longtemps, mais qu'il ne sentait pas.

Le TGV arrive dans un souffle chaud, freinant avec force, grinçant... Guillaume se sent agressé par les sons trop forts qui, d'habitude, ne le dérangent pas tant que ça.
Il monte en seconde classe, donc... trouve son siège, cale sa petite valise et s'assoit. Et tandis que le train démarre et prend de la vitesse, il s'endort, bercé par les murmures des discussions alentour et le mouvement discret du train qui accélère sur les rails...

Il se réveille à Saint-Pierre-des-Corps... Tours... belle ville ! Il se souvient y être venu quand il était étudiant à Orléans. Il y avait passé la journée avec des amis un 21 juin, fête de la musique... Il avait fini par emballer Carole, la mignonne Carole, la bonne copine rondouillette qui sortait toujours avec la bande de potes de l'époque, seule fille admise dans le sacro-saint groupe de mecs invincibles et sûrs de leur charme. Un peu trop de bière, des concerts de plein air... des mains baladeuses... Pourquoi Carole ? Il n'était pas particulièrement attiré par cette copine à l'humour tranchant... Mais ce soir-là, il fallait bien qu'il se passe quelque chose, autre chose, un truc en plus. Saber avait tapé l'incruste dans un petit groupe de filles qui gloussaient à chacune de ses vannes pourries. Vincent faisait un peu la gueule, fraîchement plaqué par sa copine la veille... Thomas, lui, écoutait la musique en se la jouant artiste-sensible-qui-se-laisse-pénétrer-par-les-vibes... Mecs invincibles, tu parles ! Alors, il restait Guillaume et Carole, parlant, riant... buvant... Il ne se souvient pas de la musique, ce soir-là. Il se souvient juste qu'il lui manquait un truc pour se sentir heureux et qu'il avait essayé de voir si joindre les lèvres avec Carole pouvait lui apporter ce truc-là. Raté. Il avait eu l'impression désagréable de rouler un patin à sa propre sœur. Carole, ce n'était pas une nana, c'était un pote de lycée, en fait. Lui et Saber l'avaient vannée le jour de la rentrée en terminale. « Eh, Mademoiselle, votre copain, il a le permis poids lourd au moins ? » « Ben ouais, pis le moteur qui va avec, Ducon ! » Carole ne se laissait pas faire. Elle ne se prenait pas au sérieux. Elle avait essuyé tellement de remarques sur son physique depuis le collège... Elle en avait pris son parti. Humour, répondre du tac au tac, rire, s'imposer.

Personne ne la faisait chier, Carole. En anglais, ils voulaient tous se mettre pas loin parce qu'elle tapait des 18... Idem en histoire-géo. Mais le jour où Saber avait recopié mot pour mot un paragraphe de sa copie et que le prof avait mis zéro aux deux, sans que Carole ne balance, Guillaume avait décidé qu'ils feraient amende honorable. Et elle était rentrée dans leur petit cercle intime. Respect. On ne touche pas à Carole. Le premier qui la vanne, on lui pète la gueule. C'est NOTRE Carole. Pas touche.

Ce soir-là, à Tours, c'était lui, Guillaume, qui avait touché Carole. Ses fesses, sa taille dodue, ses seins pleins et généreux, à travers son T-shirt poisseux de sueur. Et leurs bouches, leurs langues, leurs salives, tout s'était mêlé. À partir de ce soir-là, plus rien n'avait été pareil. Saber, Vincent, Thomas, Carole et Guillaume, le club des cinq, version fac, s'était dissout. Parce que Carole, toute confiante et pleine de répartie qu'elle était, n'en était pas moins une fille sensible. Qu'elle avait craqué pour Guillaume depuis le début, mais qu'elle savait que c'était perdu d'avance. Et ce soir-là, pour elle, il y avait eu de l'espoir, comme si le ciel s'ouvrait pour elle. Cet ami de lycée, qui lui avait tout confié de ses histoires d'amour temporaires avec d'autres filles, elle avait tout entendu, tout vécu de près, et là, mais… bon sang, c'était ELLE l'élue ! Bien sûr, Carole avait senti que les baisers de Guillaume n'étaient pas très enflammés, et même un peu empreints d'une certaine hésitation. Timide, peut-être, dans le fond ? Ou alors c'était l'alcool ? Mais le lendemain, Guillaume avait justifié ses gestes par ce même alcool, et ce que Carole avait pris pour la cause de la gêne n'était en fait que le voile posé sur le malaise de Guillaume. À partir de ce soir-là, plus rien n'avait été pareil. Guillaume rencontra Isabelle six mois plus tard, puis déménagea un an après. Le petit groupe s'était dissous.

L'homme d'une cinquantaine d'années assis face à Guillaume est descendu à Tours et une femme d'une trentaine d'années a pris sa place. Guillaume s'amusait souvent à essayer de deviner les âges des gens, surtout celui des femmes, observant leur grain de peau, les pattes d'oie naissantes, les sillons sur le front, les racines des cheveux souvent teints chez les femmes, mais pas toujours fraîchement, ce qui laissait parfois entrevoir un pourcentage de gris pouvant aider à la déduction...

Cette femme-là n'a pas quarante ans, il en est sûr, mais elle n'est pas non plus proche de trente... Allez, 36, c'est mon dernier mot, Jean-Pierre. Il sourit dans ses pensées et la femme lui rend un sourire. Ah mince, elle va peut-être penser que... il a essayé de... non, enfin, il n'a rien fait, hein !

— Vous venez d'où ?

— Pardon ?

— Vous êtes monté à Bordeaux ou bien ?

— Ah, heu... non, non, Châtellerault. Enfin, j'ai été coincé là-bas quelques heures à cause du train annulé... J'étais monté à Poitiers, mais le mouvement de grève...

— Ah oui, moi pareil, j'aurais dû attraper le TGV à Poitiers, mais du coup, comme il a été annulé, j'ai pris un car jusqu'à Tours pour pouvoir aller à Montparnasse... Quelle galère, hein !

— Oui...

Guillaume se dit qu'il a été bête : s'il avait accepté de prendre le car à Poitiers au lieu de tenter sa chance par le train à Châtellerault, il aurait pu rencontrer cette femme de 36 ans trois heures plus tôt et n'aurait pas eu à subir la psychanalyse expresse d'Eva dans cet hôtel minable de Châtellerault. Étrange manière de se quitter avec Eva, d'ailleurs. Elle avait lâché sa main et dit d'un ton presque léger :

— Bon, eh bien, je crois qu'on peut s'arrêter là pour aujourd'hui... Je ne vous demanderai pas de me payer la séance avec de l'argent, Guillaume...

Manquerait plus que ça ! Cette psy, qui l'avait presque « violé » psychiquement, aurait eu le front de lui demander de l'argent ??

— Par contre, je vous demanderais UNE chose en contrepartie de ce que j'ai fait pour vous ce soir…
— Hein ?
— La prochaine femme que vous rencontrerez, même si c'est une déesse, ne la draguez pas. Intéressez-vous à elle, à la personne qu'elle est. Vous verrez, c'est surprenant à quel point l'humain est riche et intéressant pour peu qu'on prenne la peine de l'écouter…

Guillaume, encore sous le coup d'une émotion à fleur de cœur, avait promis en balbutiant un truc à peu près poli…
— Oui, d'accord, je ferai de mon mieux… Merci.
Il l'avait remerciée ? Mais bon sang, quel abruti ! Cette nana l'avait presque castré, lui coupant toute envie de baiser, et il l'avait remerciée ? De quoi ? Pour quoi ? Peut-être pour la franchise dont elle avait preuve avec ses derniers mots, sa confidence intime :
— J'espère que vous n'avez senti aucun jugement de ma part, Guillaume. Vous savez, tout ce que j'ai pu vous dire aujourd'hui, je vous l'ai dit parce que moi aussi, j'ai commis un adultère, qui m'a amené beaucoup de souffrance, mais donné du sens à ma pratique et ouvert les yeux. Il y a quelque temps, j'ai vécu une histoire avec un homme marié, père de 5 enfants, qui venait dans mes bras oublier sa petite vie pépère et sa femme dépressive…

— Ça va ? Vous êtes énervé à cause de la grève et des retards et tout ça ?
— Heu… non non. Enfin si, oui, c'est très frustrant, mais bon, y a pas mort d'homme.
— Non… vous avez raison, il faut relativiser.
La femme sourit largement et Guillaume remarque les plis autour de sa bouche et de ses yeux. Elle a peut-être quand même quarante ans, finalement…

Guillaume se sent mal à l'aise. Empreint de ses pensées habituelles, son désir et son élan naturel pour toutes les femmes qu'il croise et trouve de son goût, mais marqué par des sentiments revenus à la surface. Une tristesse assez intense habite une partie de sa poitrine. Son souffle n'est pas ample. Il n'a pas de mal à respirer, mais ressent une oppression, là, au creux du plexus…

Il pense à Isabelle. À leur rencontre, leurs voyages, les enfants qu'ils ont choisi d'avoir ensemble, mus par un désir commun, ou alors c'était pour faire « comme tout le monde » ? Il ne sait plus. Qui est le vrai Guillaume ? Celui qui, assagi par l'âge peu à peu et installé dans son métier, avait osé s'engager sans trop de peur avec Isabelle qu'il avait connue si jeune et trompée plusieurs fois avant le mariage ? Ou le vieux jeune homme passionné qui aurait voulu pouvoir honorer toutes les belles qu'il croisait ?

La sensibilité au charme, à la sensualité qui émanait de certaines femmes lui semblait une preuve de vie, une source de joie, une promesse de plaisir dans ce monde de douleurs.

Cette promesse-là lui avait coûté son mariage, car Isabelle n'avait pas supporté d'être trompée. La timide Isabelle, parfois acerbe, mais le plus souvent douce, avait révélé une combativité insoupçonnée quand elle avait appris les frasques de son mari.

Il voyait les choses sous deux angles différents, selon son humeur du jour ou selon les personnes avec qui il en parlait et qui lui renvoyaient telle ou telle vision.

Première vision : la vie est trop courte, le temps passe trop vite ; à 20 ans, on ne sait pas bien ce qu'on veut, et parfois, on y fait des choix qui s'avèrent peu judicieux… On a le droit à l'erreur et il n'est jamais trop tard pour redresser la barre, changer de cap, changer de vie, recommencer, vivre enfin, merde ! Après tout, le divorce, c'est pas la mort, au contraire même, certains ne s'en portaient que mieux…

Seconde vision : il n'était qu'un gros con, adolescent attardé qui avait tout foutu en l'air pour un plan cul, faisant du mal à ses proches (son beau-père avait même fait un gros malaise à l'annonce du divorce par sa fille, car il aimait Guillaume comme un fils et s'était senti, lui aussi, trahi à travers la trahison vécue par sa fille), privant ses enfants de tous les bons souvenirs potentiels en famille, se compliquant la vie de tous les jours entre la pension alimentaire, les tours de garde partagée, les vacances, les disputes (il ne s'était jamais autant disputé avec Isabelle que depuis leur divorce... Qui a dit que le divorce, c'était pas si pire ?).

Binaire, Guillaume. Noir ou blanc... Il se consolait en relativisant sur un ton de gris sans saveur et sans émotion. Il avait 40 ans, il était divorcé, c'est la vie. On fait tous des conneries, faut assumer.

Mais les mots de sa fille de 6 ans, qui l'avaient d'abord fait rire, lui revenaient en plein visage :

« Papa, quand tu seras grand, tu reviendras vivre à la maison ? »

Guillaume regarde la femme assise en face de lui.
— Vous avez quel âge ?
— Pardon ?
La femme écarquille les yeux, mais elle sourit en même temps.
— Pardonnez-moi... je suis très impoli, mais... voyez-vous, je m'amuse souvent à deviner les âges des gens et je n'ose jamais leur demander, parce que « ça ne se fait pas ». Mais vous êtes sympathique, et là, je me suis lâché...
— Haha, en effet c'est... un peu surprenant comme question, mais heu... j'ai 43 ans... et vous ?
— Moi aussi... c'est drôle... Vous ne faites pas votre âge, ceci dit !

— Merci, je suppose que c'est un compliment pour une femme « de mon âge »… mais vous savez, moi, je m'en fiche complètement.

— C'est bien ! Je veux dire… ça enlève une pression, non ? Vous les femmes, vous subissez tellement de diktats en tout genre…

— Oui… il faut être jeune jusqu'à l'EHPAD, fraîche en toute occasion, mince, mais avoir des seins et des fesses, être gourmande sans être vorace, être mère, amante, fille, copine… mais bon, je crois que vous aussi, les hommes, êtes victimes de pas mal de pressions… non ?

— Ben heu… oui, oui, c'est sûr… Il faut travailler, assurer côté matériel, être pourvoyeur sans être patriarche, sensible sans être larmoyant, viril tout en étant fidèle…

— Eh, oh, dites donc, c'est moi qui gagne l'argent de la famille, attention aux clichés !

— Ah oui ? Et votre… conjoint, il reste à la maison ?

— Oui. Il écrit… Il s'occupe des enfants et moi je travaille à l'extérieur. On est un couple moderne, quoi ! Pas comme ma sœur !

— Comment ça ?

— Ma sœur, mariée depuis 12 ans, mère au foyer avec 5 enfants, catholique convaincue qui se dévoue corps et âme à l'annonce de l'Évangile et à son connard de mari.

— Ouh là là ! Vous ne le portez pas dans votre cœur, on dirait !

— Comment vous appelleriez un homme qui a une femme dépressive en burn-out, 5 enfants avec elle, un boulot pas trop crevant et qui la laisse s'épuiser à élever leurs 5 gamins pendant qu'il se tape sa maîtresse ? C'est pas égoïste ça ? Je connais ma sœur, c'est pas une sainte, mais elle est pas loin. Et puis, c'est vrai, je n'ai jamais aimé mon beau-frère. Je n'ai jamais compris ce que ma petite sœur lui trouvait. Je l'ai ramassée à la petite cuillère, ma frangine, quand elle a appris que l'homme de sa vie se tapait une nana depuis des mois...

— Ah oui... en effet, c'est... un peu égoïste.

— Un peu ? Enfin, je juge sévèrement, mais...

— Il doit être malheureux... votre beau-frère.

— Pardon ?

— Enfin, je veux dire... Il aime votre sœur ou pas ? Ils sont heureux avec leur grande famille ?

— Oui... je crois qu'il est attaché à elle, oui... et il aime ses enfants, c'est clair, mais son comportement est abject : qu'il se soit tapé une nana en passant, bon, je ne dis pas... mais il a eu une relation suivie avec une femme dont il est finalement tombé amoureux comme un ado !

— Vous savez, des fois, il y a des raisons qui mènent à ces situations...

— Dites donc, vous n'allez quand même pas défendre mon beau-frère ! C'est quoi, de la solidarité masculine ?

— Non, du vécu. J'ai trompé ma femme, moi aussi. Je ne suis jamais tombé amoureux, par contre, ça non. Mais quand elle l'a appris, elle m'a quitté. Et avec le recul, je réalise que le jeu n'en valait peut-être pas la chandelle... Je réfléchis beaucoup, je me demande si je n'ai pas essayé de combler un vide avec des aventures, alors qu'il y avait peut-être un autre moyen... mais je n'ai pas su faire autrement.

— Ma sœur lui a pardonné, mais elle a beaucoup souffert et je sais qu'elle souffre encore. En plus, la maîtresse qu'il s'était trouvée n'était pas une petite jeune sans cervelle... C'était une femme de son âge, une docteure, une psychiatre ou une psychologue, ma sœur n'a jamais pu savoir précisément. Son mari est resté flou... Peut-être qu'il avait peur qu'elle ne la cherche et ne la trouve ! Elle était de Châtellerault, d'ailleurs : cette info-là, c'est ma sœur qui l'avait trouvée en voyant un trajet enregistré sur le GPS quelque temps avant d'apprendre la vérité... ! Elle avait fait la déduction une fois le pot aux roses découvert... C'est peut-être pour ça que j'ai voulu éviter cette ville, tiens, inconsciemment, par respect pour ma sœur, je ne sais pas... Elle a le poil qui se hérisse dès qu'elle entend le nom de cette ville...

Guillaume sent un frisson lui courir partout... Une femme dans la quarantaine... psy quelque chose... à Châtellerault...

La femme baisse le regard quelques secondes avant de reprendre :

— Et si c'était à refaire, moi je crois que vous referiez la même chose, même en connaissant la suite de l'histoire...

— Ah oui ? Qu'est-ce qui vous fait dire ça ?

— Parce que l'être humain est ainsi fait, ses désirs lui font perdre la raison, parfois... et même quand on sait les conséquences possibles, il y a un conflit entre le cortex et le cerveau reptilien, et c'est toujours l'ancien cerveau qui gagne... Le sexe, c'est puissant. C'était juste du sexe, vos aventures ?

Guillaume pose son regard sur le paysage qui défile, strié par la vitesse...

— Oui... juste du sexe.

Saphonie pas normale

> *Laura, 32 ans, célibataire, sans enfant, recherche un plan d'un soir ou d'une vie (on peut rêver) pour s'éclater au quotidien sans prise de tête. J'aime les concerts (tous styles de musique sauf le jazz), les sorties sport, les séries policières, les films d'horreur, les voyages (même si j'en fais trop peu), la cuisine indienne et la peinture. J'aime bien les animaux. Bien dans ma peau, sportive, je te veux sensuelle et entreprenante, pas godiche surtout, j'aime les filles qui ont du caractère. Je n'ai pas de préférences particulières, mais j'aime bien les brunes. De mon côté, blonde, cheveux mi-longs (au carré), yeux verts, pas très grande (suis pas naine non plus), et plutôt athlétique. À bientôt ?*
>
> *PS : Femmes mariées qui cherchez un plan homo pour égayer votre vie tristounette ou tester le lesbianisme, passez votre chemin surtout, j'ai déjà donné.*

— T'aimes découvrir de nouvelles personnes toi, hein ?

— Oui, j'adore…

— Et puis après, une fois que tu les as découvertes, il reste quoi ?

— Quoi il reste quoi ?

— Bah oui, tu en fais quoi de ces gens que tu rencontres, que tu apprends à connaître, que tu séduis, que tu amuses, avec qui tu passes du bon temps ?

— Ben il se passe… je sais pas… on s'éloigne… c'est la vie, quoi !

— Ben non, tu vois, non, c'est pas la vie, c'est pas ça la vie, justement.

— Tu te prends pour qui à donner des leçons de morale, là ?

— Je me prends pour personne, je veux juste mettre les choses au clair avec toi. Ça fait quinze minutes qu'on se boit ce café – dégueulasse, d'ailleurs – en parlant et déjà tu me fais peur, alors je me protège. Je ne veux pas être méchante plus tard, ou te paraître dépendante ni rien… Je veux juste clarifier maintenant avant qu'on aille plus loin ou quoi…

Laura écarquille les yeux. Putain, elle est tombée sur une foldingue, c'est pas vrai. D'habitude, les nanas qu'elle rencarde via « SaphicLove » ne sont pas prises de tête comme ça ! On boit un verre, ou un café, ou les deux si la nuit a été chaude, on papote, on se revoit, puis un jour, on arrête de s'appeler, on va voir ailleurs. On s'amuse, on est encore jeunes (32 ans, ça le fait !), on n'est pas obligées d'avoir envie de poursuivre la relation jusqu'à l'étape « j'emménage chez toi avec mon chat, et dans six mois, y en a une qui va tromper l'autre parce que ras-le-bol du traintrain quotidien, je veux me sentir vivante à nouveau, VIVANTE, tu peux comprendre ça ? J'étouffe merde, j'étouffe !! ».

Ça l'ennuie fortement que Djamila soit aussi tatillonne, parce que Djamila est une superbe nana… Laura a toujours préféré les brunes, même si elle n'est pas ultra difficile, mais là… c'est pas que ça le fait, c'est que ça le fait carrément, totalement, absolument. Ses yeux, sa bouche, ses pommettes hautes, ses cheveux ultra frisés, son corps élancé… et puis il y a autre chose : un charme, un « truc » qui a accroché Laura dès les premières secondes. La voix de Djamila aussi, une voix un peu rauque sans être grave, très douce. Mais qu'elle lui fasse un début de morale limite catho comme ça, ça va pas le faire. Laura se tortille sur sa chaise. Elle est partagée entre la frustration de devoir renoncer à explorer le corps de celle qui lui fait face, de renoncer au goût de ses lèvres charnues et à ses odeurs intimes, et l'envie de se lever et de clore d'un « salut » bien stérile ce premier et dernier rendez-vous. Djamila ne lui laisse pas le temps de penser davantage aux options :

— C'est marrant, tu as lu mon profil, non ? Tu savais que je cherchais un truc plus sérieux... Pourquoi tu m'as taguée ?

— Parce que 99 % des nanas qui disent vouloir une relation à plus long terme n'ont juste pas le courage de dire qu'elles sont volages et qu'elles veulent juste s'amuser. Je pouvais pas deviner que tu étais dans le 1 % restant.

— Moi, je pense que t'es pas du genre à calculer comme ça... De deux choses l'une : soit tu es perverse et tu te fais un plaisir de briser des cœurs (peut-être pour te venger d'un truc perso qui t'est arrivé avant), soit tu n'oses pas t'avouer que tu as peur de l'engagement, alors que secrètement, tu en rêves, tu en crèves, et tu titilles le destin...

Elle va s'en prendre une, elle va s'en prendre une !

— C'est peut-être les deux, en fait ! Tu as peut-être été trahie, blessée, abandonnée, et même si une partie de toi a très envie de revivre le Grand Amour, une autre partie est en mode défense et s'amuse à ne pas faire durer ?

— Putain, mais c'est quoi cette psycho à deux balles là ? Tu crois quoi ? Que j'ai voulu te rencontrer pour me faire prendre la tête comme ça ? Attends, ma grande, des nanas comme toi, j'en ai quand j'en veux, alors on va arrêter ça là parce que franchement, je suis pas venue ici pour me fritter avec toi. T'es belle, t'as pas la tête vide, mais ça va pas le faire, vu comment on est parties.

Laura devrait se lever et partir, mais elle reste assise. Pourquoi elle n'arrive pas à se lever ? C'est si simple ! Elle l'a déjà fait, elle pourrait le refaire. Elle se lèverait, prendrait son manteau et elle se barrerait, l'enfilerait dans la rue où elle marcherait d'un pas cadencé par la colère pendant une heure ou deux, le temps que ça redescende. Mais elle ne le fait pas. Au lieu de ça, elle fixe Djamila, plante son regard droit dans le sien, lui tient tête, la mettant au défi de quelque chose d'indéfinissable.

Djamila sourit et s'excuse :

— Pardon, je ne voulais pas t'énerver, mais depuis tout à l'heure, je t'entends parler et je sais pas, j'ai cru entendre un truc pas clair. Tu me plais beaucoup et je voulais peut-être te faire entrer dans un cadre rassurant pour moi… mais je comprends bien ce que tu dis : tu n'as pas envie de te prendre la tête, tu ne veux pas de long terme. Moi oui, mais par contre, je ne suis pas contre une petite séance sensuelle si le cœur t'en dit hein… du moment que les choses sont claires. Mais faudra pas m'en vouloir de continuer à chercher ailleurs si on se revoit plusieurs fois, OK ?

— T'es si sûre de toi pour me proposer ça ? Comment tu peux savoir si tu me plais ?

— Oh eh, ça va, je le vois bien à ta façon de me regarder. Je t'énerve, mais t'as déjà un peu envie de moi, non ?

— Un peu…

— Eh bien, si tu veux, je peux faire croître le désir…

Djamila place sa jambe gauche entre les jambes de Laura et frotte son genou doucement, mais avec une pression suffisamment forte pour que Laura doive écarter un peu sa jambe… En même temps, elle lui glisse un doigt sous la paume de sa main posée sur la table et le retire lentement en la chatouillant. Son sourire est déconcertant. Laura ne sait pas si Djamila est en train de chercher à la séduire ou à la faire céder afin d'arriver à ses fins, qui manquent de contour. Qu'est-ce qu'elle veut, cette nana ? Laura n'est pas du genre à se poser de questions, surtout depuis deux ans. Elle se dit que Djamila n'est pas insensible à son charme, qu'elle est OK pour un plan cul et que pour la suite, elles verront bien. Laura sent son regard de feu s'adoucir et plonger plus profondément dans celui de Djamila. Elle sait que son regard change de couleur quand le désir s'empare d'elle. Cette brune avec ses grandes jambes là, elle va crier dans pas longtemps. L'idée de se repaître de sa jouissance après qu'elle l'a fait monter en pression excite Laura. Si elles étaient seules, elle se lèverait et la ferait basculer sur une banquette...

— Tu veux aller manger un truc ou tu préfères aller chez moi ? J'habite pas loin...

— On mangera après, si tu veux...

Elles se lèvent et Laura sort après avoir payé les cafés. Sur le chemin jusqu'à son petit appartement, elle détaille les mouvements de hanches de Djamila, se demandant comment elle va procéder pour garder le contrôle sans pour autant se priver de plaisir... Ça sera ça, son plaisir : faire jouir Djamila pour lui faire perdre la tête un moment, le temps de tout lâcher dans sa tête, tandis qu'elle-même gardera un contrôle salutaire et goûtera aux délices de celle qui mène la danse.

Laura ouvre sa porte d'une main assurée, mais moite. Elle sent le souffle de Djamila dans son cou. Elle respire son parfum sucré et fruité, elle a envie de sa peau, d'y goûter... La clef tourne et la porte s'ouvre sur un petit appartement bordélique aux couleurs chatoyantes. Paco le chat accourt au bruit familier des pas dans la petite entrée, un vestibule miniature jonché de chaussures de sport et de matériel divers... Il se frotte contre les jambes de sa maîtresse, puis renifle celles de Djamila avant de leur offrir la même caresse.

Laura suspend son manteau sur une patère et se retourne pour prendre celui de Djamila, mais celle-ci s'approche assez brusquement d'elle et l'embrasse sans autre forme de procès. Laura se sent vaciller sous le choc, la pression du baiser est forte, presque pesante, elle tente de glisser sa langue contre les lèvres de Djamila, mais Djamila n'ouvre pas ses lèvres. Elle garde une bouche fermée, dure, sèche, et elle sourit... puis d'un coup, elle entrouvre les lèvres et accueille la langue de Laura contre la sienne. Elles s'enserrent et leurs langues se caressent, leurs lèvres se fondent entre elles, avec chaleur et l'humidité des salives… premier échange de fluide… Laura sent son bas ventre se tordre du plaisir de l'excitation. Une chaleur monte de son sexe jusque dans tout son ventre. La main droite de Djamila glisse vers sa ceinture, la détache habillement et glisse plus bas. Laura plaque ses deux mains sous la jupe de Djamila, elle sent ses fesses fermes et rebondies, les pince, les caresse tout en basculant son bassin vers l'arrière pour ne pas donner de suite l'accès à son intimité.

Laura remonte les mains et les pose sur les épaules de la grande brune pour faire tomber son manteau léger en dessous duquel Djamila porte un T-shirt léger et une jupe fluide courte… Elle se laisse faire, ôte sa main du pubis de Laura et se laisse déshabiller entièrement, là, debout, dans le vestibule. Une fois en sous-vêtements, Djamila sourit à Laura en continuant son effeuillage.

— Et toi, tu n'enlèves rien ? Ou il faut que je te déshabille ?

Laura ne dit mot et enlève son pull en coton, finit de détacher son jean et le retire. Elle envoie ses chaussettes voler dans le salon, se retrouve en sous-vêtements face à Djamila nue… Laura jette un œil sur les sous-vêtements de Djamila tombés au le sol : de la dentelle blanche. Putain, c'est hyper hétéro comme lingerie ça !

— Dis donc toi, tu ne serais pas une hétéro mariée qui cherche l'évasion, par hasard ?

— Tu te lances dans le jeu « devine qui je suis et devine ce que je veux » maintenant ? Je croyais que ça te prenait la tête ?

Laura embrasse Djamila. Elle a envie de goûter encore et encore à cette chaleur, ne pas se prendre la tête justement, juste prendre du plaisir, goûter un corps contre le sien, des mains sur ses fesses, des doigts au creux de son intimité.

— T'as des sextoys ?

— Heu... ah... non, je suis très classique, je fais tout à la main, à la bouche... Pourquoi ? Tu aimes te faire pénétrer ?

Djamila ne répond pas, l'embrasse encore, profondément. Leurs souffles s'accélèrent. Laura prend les mains de sa partenaire de jeu sans quitter sa bouche et se dirige à reculons vers le lit, qui est juste là, à droite, dans la toute petite chambre sombre. Un rayon de soleil couchant chatoie sur le mur rouge foncé... Laura pivote à 180 degrés pour que Djamila se retrouve dos au lit et elle pose les mains sur ses seins pointus qu'elle pousse doucement pour l'inviter à s'allonger. Djamila est allongée sur le lit, elle enserre la taille de Laura et n'arrête pas de l'embrasser. Laura pétrit doucement la poitrine menue et sensible qui s'offre à ses mains, elle entend que Djamila gémit doucement. Laura entame une exploration du corps de son amante avec sa bouche. Djamila se laisse faire et se contente de caresser les cheveux de Laura. Celle-ci remonte après un bref début de cunnilingus et passe ses mains sous les fesses de Djamila, frotte son pubis contre le sien, glisse un doigt humidifié dans sa bouche vers l'anus, chatouille, titille, fait le tour, pénètre, ressort, tout en tétant un sein, puis l'autre. Djamila gémit plus fort et Laura se plaque contre elle. Puis d'un coup, Laura redescend pour reprendre les caresses buccales entre les cuisses de la belle brune. Ses doigts se glissent dans les orifices sensibles, elle lèche le sexe de Djamila, écarte parfois ses lèvres pour gober son clitoris et le titiller d'une langue pointue, glisse sa langue dans l'orifice vaginal, puis y glisse un doigt, deux doigts, trois doigts, faisant des va-et-vient... Après de longues minutes d'un travail minutieux, Laura crochète son majeur et l'enfonce plus profondément dans le vagin de sa partenaire. Elle cherche et trouve un renflement à l'intérieur et le petit cri que pousse Djamila à ce moment-là lui indique qu'elle est sur la zone sensible et potentiellement douloureuse, mais prometteuse d'extase du point G. Elle appuie délicatement, tout en léchant à grands coups de langue le clitoris de Djamila qui se tortille sous l'effet de la jouissance. Une main occupée à stimuler le point G, l'autre main sous les fesses titillant l'anus et y glissant parfois un ou deux doigts. Classique, mais efficace, pense-t-elle. Laura n'oublie pas de goûter toutes les saveurs de son amante ; l'acidité du vagin, l'âpreté de l'odeur anale, le sel de la sueur, ce parfum sucré, fruité qui recouvre chaque parcelle de sa peau... Laura a l'impression de dévorer Djamila, cela l'excite au plus haut point. Elle la mange, littéralement. Elle pourrait mordre sa chair, la déchiqueter, n'en faire qu'une bouchée, l'avaler, la gober tout entière. Elle la veut en cet instant de tout son corps, de toute sa bouche, de ses mains... Son doigt appuie plus fort, stimule plus avant le point sensible, Djamila crie maintenant, on sent qu'elle contient des cris plus puissants, mais des poussées de plaisir s'échappent de son corps et de sa gorge. Djamila caresse ses propres seins et cambre les reins sous l'effet de la transe. Le plaisir qui envahit son corps la rend si vulnérable, qu'elle est impuissante et n'a d'autre choix que de jouir. Laura guette d'un œil les contorsions de ce corps qui s'agite plus fort sous sa bouche, elle sent que Djamila se cabre, et dans un gémissement plaintif, Djamila jouit... Au même moment, Laura sent une petite giclée chaude arriver sur son palais et sur sa langue... L'orgasme de Djamila dure de longues secondes, son corps est secoué de spasmes encore et encore, elle gémit, plus fort, encore un peu plus fort... Les gémissements se muent en soupirs. Laura relâche l'étreinte de sa bouche sur le sexe de sa partenaire. Elle retire doucement ses doigts de là où ils étaient, glisse sa main sur les longues jambes de Djamila, la caresse de haut en bas, remonte sur ses seins, ses épaules, son visage, ses pommettes saillantes perlées de sueur... Djamila a les yeux fermés. Laura effleure maintenant ce beau visage du bout des doigts, comme si elle caressait la peau sensible d'un nouveau-né... d'une main. De l'autre, elle caresse son clitoris pour jouir en regardant l'extase posée sur cette Autre qu'elle a désirée si peu de temps avant de la goûter.

Djamila ouvre les yeux et sent ce que Laura est en train de se faire. Alors elle écarte sa main et prend le relais. Elle glisse deux doigts dans les plis du sexe humide de Laura, caresse son clitoris avec une fermeté confiante, appuie et tourne, glisse, s'écarte et revient. Laura se laisse faire. À genoux au-dessus de Djamila, elle essaie de s'abandonner à la caresse, mais la posture n'est guère propice. Djamila l'invite en douceur à rouler sur le dos, à sa place, et entreprend de lui faire l'amour avec sa bouche, elle aussi. Laura a d'abord du mal à s'abandonner totalement, mais la langue de Djamila semble couvrir tout son sexe, elle appuie, lèche, lape et recommence, et le plaisir qui s'empare de Laura la fait flancher tout à fait. C'est elle qui gémit, maintenant. Elle aussi cambre les reins sous l'effet du plaisir, elle a envie que Djamila l'avale tout entière. Celle-ci continue goulûment, faisant tout le travail avec sa bouche, sa langue, ses lèvres, ouvrant, fermant, mordant délicatement... léchant avec application le clitoris gonflé de Laura qui, soudain, atteint un point de non-retour, beaucoup plus tôt qu'elle ne l'aurait voulu, mais le plaisir monte d'un coup d'un seul et son orgasme se déverse en elle. Une chaleur et un fourmillement intenses montent de son sexe jusque dans ses fesses, son bas-ventre, puis tout son corps, secoué à son tour par ce tsunami de jouissance.

Djamila diminue l'intensité de ses caresses, elle laisse Laura reprendre conscience, elle s'allonge à ses côtés, embrasse ses seins, caresse ses bras d'un doigt léger, lui baise la bouche avec tendresse. Les deux femmes s'étreignent en cuillère et s'endorment sans avoir échangé un mot de plus.

C'est Paco qui réveille Laura de son «miaaaaaou» éraillé de vieux matou. Elle ouvre les yeux et se souvient instantanément du plaisir qui circule encore dans son corps. Elle sent l'odeur de Djamila tout autour d'elle. Mais Djamila n'est plus là. Pas dans le lit, et l'appartement est si petit qu'une présence humaine se ressent rapidement. Laura sent que son appartement est vide de Djamila. Il n'y a que Paco et elle. Le chat réclame ses croquettes. Laura s'étire, assise sur le bord du lit, se lève, nue... mais à quel moment Djamila lui a-t-elle retiré ses sous-vêtements ? Elle ne sait plus... elle s'en fiche. C'était si bon. Elle va dans la cuisine et verse une ration de nourriture à Paco qui commence à croquer son repas sans attendre. Elle se fait un café et retourne s'asseoir sur le lit. Un étrange sentiment s'empare d'elle. Un mélange de satisfaction et de fierté, «c'était quand même une belle nana», mêlé à un sentiment de vide, «la descente après le high, normal», pense-t-elle aussitôt.

Laura sirote son café en essayant de planifier sa journée. Mais irrésistiblement, elle prend son ordinateur, l'allume, se connecte sur *SaphicLove* et cherche le profil de Djamila. Son pseudo rigolo «CarottePasCuite» n'apparaît plus dans ses favoris. Bizarre, elle l'avait pourtant ajoutée, comme deux ou trois autres profils sympas, qu'elle allait explorer l'un après l'autre... Djamila était la première de sa courte liste prioritaire. Laura essaie de se rappeler du descriptif de Djamila... Un message court, qui va droit au but, c'est cela qui avait plu à Laura. Une nana qui sait ce qu'elle veut, du caractère, de la personnalité, mais de la douceur dans les mots aussi, une fragilité bien excitante.

— Putain ! PACO, merdeu !!!!

Le chat a encore fait voler une crotte séchée hors de la litière en voulant recouvrir un étron tout frais… les effluves se répandent dans tout l'appartement… Laura est en colère et elle se demande instantanément pourquoi. Après tout, ce n'est pas la première fois que Paco parfume l'appartement d'une puanteur sans nom ; d'habitude, ça la fait marrer. Quant aux crottes sèches qui volent hors du bac, c'est de sa faute à elle : elle n'avait qu'à ramasser les résidus séchés avec la petite pelle pour que la litière reste propre. Alors pourquoi ce matin cela la dérange au-delà du supportable ? Pourquoi a-t-elle envie de jeter Paco par la fenêtre ? Elle songe que le chat lui rappelle les deux ans de vie commune avec Mélissa. Deux années de ce qu'elle pensait être le grand amour. Une complicité, des rires, les soirées ciné, resto, concerts, les balades la nuit dans les rues de Paris, les baises inopinées dans des lieux risqués, de longues soirées en amoureuses sur le sofa à regarder des séries policières. Et la fin. Ce jour où, rentrée plus tôt du travail, Mélissa avait trouvé Laura assise nue sur l'évier, les cuisses écartées, avec une longue chevelure noire pendant devant son sexe et des mains aux ongles rouge vif, très longs, agrippant ses mollets. La chevelure noire s'était retournée et Mélissa avait alors découvert le joli minois d'une métisse à la peau sombre, aux yeux de biche et à la langue agile. Le visage figé de Mélissa, son expression ébahie et incrédule avaient figé Laura dans un état de prostration qui avait semblé durer des heures. La métisse s'était levée, déployant une longue, longue silhouette et une carrure très carrée ; heureusement, elle n'était pas déshabillée… Elle avait attrapé son sac à dos et sa veste avant de s'éclipser sans mot dire, laissant le couple face à face dans une posture surréaliste. Le premier mot de Mélissa avait été « Pourquoi ? »… Mélissa se fichait de qui était cette fille, comment elles s'étaient rencontrées. La seule question qui était venue sur le coup, c'était « pourquoi ? ». Et la réponse de Laura l'avait giflée : « Pour rétablir l'équilibre. Parce que tu as fait pareil il y a quelque temps. Maintenant, on est quittes. » Quelques semaines plus tôt, Laura avait en effet appris qu'au tout début de leur relation, Mélissa avait couché avec une ex. Elle avait pris un coup en plein cœur... Sa chérie, son grand amour lui avait menti dès le départ. Et elle l'avait appris de la bouche même de cette ex-copine, avec qui Mélissa n'était restée que quelques mois. Plus une histoire de sexe qu'une véritable relation. Mais bon. Laura se souvenait de cette blonde fade un peu masculine dans son allure, les cheveux très courts, qui s'était avancée vers elle dans la file d'attente à Pôle-emploi...

— Eh, c'est toi Laura, hein ? T'es toujours avec Mélissa ? Ça fait combien de temps vous deux ? 1 an et demi, c'est ça ?

— Deux ans...

— Ah bon ? Ah OK, je croyais... non parce que... vous étiez ensemble à Noël 2015, donc ? Purée, c'est con alors...

— Qu'est-ce qui est con ?

— Ben... non, c'est pas grave, hein, juste que Mélissa et moi, on a recouché ensemble le soir du pot de Noël au boulot. On s'offrait des cadeaux débiles qu'on tirait au sort, Mél avait tiré le gode que j'avais glissé dans les cadeaux. On a rigolé...

Noël 2015. Le pot de fin d'année au boulot de Mélissa. Laura se souvenait que ce soir-là. Mélissa lui avait demandé de l'accompagner, mais Laura devait aller acheter les cadeaux de Noël pour ses parents et sa petite sœur, elle savait qu'elle serait soulée de monde après et aucune envie de faire du social, besoin d'une séance de kickboxing et d'un bain chaud... Putain, c'est trop con.

Laura avait lancé un œil noir à l'ex-copine qui était partie sans demander son reste, mal à l'aise, car elle n'avait pas dit cela pour être méchante ; c'était une fille un peu lourdingue qui avait laissé échapper un élan de sincérité mal placée.

Laura avait essayé de digérer. Puis elle avait essayé d'en parler à Mélissa. Mais elle avait peur. Alors, elle avait décidé de lui rendre la pareille pour soulager sa colère. Une semaine après cette révélation, Laura était sortie dans un bar gay et avait rencontré une superbe fille un peu niaise, sexy, facile. Bien joué... Ce faisant, elle avait perdu Mélissa qui avait tout de même tenté une explication par rapport à son ex : « C'était au début, toi et moi... Le soir du pot de Noël, t'étais pas venue, on avait bu, j'avais pioché un petit gode rose en cadeau, on a déliré là-dessus et je me suis laissé entraîner... mais ça voulait rien dire... c'était une connerie... Une connerie, tu comprends. » Non. Laura n'avait pas compris. Elle avait voulu « rétablir l'équilibre ». Équilibre ou pas, elles s'étaient séparées sur-le-champ, le soir même. Mélissa avait rassemblé ses affaires et l'appartement trop petit pour elles deux s'était transformé en champ de bataille désert. Mélissa fut hébergée chez son frère pendant quelques semaines, puis avait trouvé un autre job en province et avait quitté Paris. Laura ne l'avait jamais revue. Cela faisait deux ans. Mélissa avait laissé son chat chez Laura et n'avait jamais appelé pour avoir des nouvelles. Cette séparation-ablation, vécue comme une chirurgie qui l'aurait amputée d'un membre ou d'un organe, avait laissé Laura dans un état de sidération. Paco était tout ce qui lui restait de Mélissa. Elle le gardait et en prenait soin comme d'un lien encore possible.

Mais là, le lien la fait clairement suer avec ses crottes séchées. Laura nettoie la litière, ramasse les dégâts. Une douche et aller se changer les idées. Quel jour on est ? Ah oui, lundi... bon... pas de boulot aujourd'hui, trop énervée. « Je vais aller à la salle. » Le sport. Se défouler. Suer, pousser, frapper. En baver pour de vrai, physiquement. Se sentir vivante. Laura prend son sac et quitte l'appartement en claquant la porte.

À la salle, il y a la belle rousse qui a fait de l'œil à Laura plusieurs fois. Elle n'est pas sûre qu'elle soit totalement lesbienne, car il lui semble que la rouquine a parfois des regards charmeurs à l'encontre de ces messieurs. Mais enfin. Ce lundi matin, la salle est dépeuplée, et pourtant, les deux femmes se retrouvent à dix mètres l'une de l'autre. Laura se plaît à charger un peu plus lourd que d'habitude pour faire ses développés couchés… mais tandis qu'elle commence à pousser, une légère faiblesse dans son bras droit déséquilibre la barre et elle manque de se la lâcher sur la figure.

— Oh là là ! Eh ! Laura ! Tu m'appelles quand tu veux faire ça et que t'as personne pour te backer ! J'ai pas envie d'un drame ici !

Le coach qui surveille et entretient la salle guettait les filles du coin de l'œil et il s'élance vers elles.

— Laisse, Sammy, je vais la backer…

La rouquine s'approche de Laura, qui est rouge de honte.

— Attends, on va reprendre ça comme il faut.

— Merci, c'est sympa.

C'est la première fois qu'elles se parlent et la voix de la rousse est chaude et suave comme sa chevelure brillante… Laura se surprend à visualiser qu'elle étreint la crinière flamboyante d'une main tout en doigtant la belle de l'autre main….

— Je m'appelle Charlotte.

— Et moi Laura.

— Enchantée, Laura. Ça fait un bout de temps que tu viens t'entraîner ici, non ?

— Deux ans, oui…

— Tu fais les cours de kickboxing avec Jérémy et Saïd ?

— Oui, régulièrement…
— T'es trop forte, moi, j'ai le cardio qui suit pas sur ces cours-là ! Bon, on y va pour la muscu ?

Charlotte se fend d'un sourire à faire pâlir un saint… Laura ne peut décidément pas s'empêcher de penser qu'il y a partout de très belles femmes et qu'il sera toujours difficile de faire un choix unique. Elle s'allonge sur le banc, se positionne, empoigne la barre avec fermeté et commence sa série pendant que Charlotte compte à voix haute ses répétitions. Mais des images de la veille défilent devant ses yeux.

« Salut toi, désolée d'être partie en catimini, mais tu dormais comme un ange, je n'ai pas voulu te réveiller. Je n'ai pas ton numéro, j'ai dû me recréer un compte ici pour pouvoir t'écrire. Bisous. Djamila »

Laura grimace un peu devant son ordinateur… Elle est gonflée, cette nana… Elle veut quoi ? Et pourquoi elle a dû se recréer un profil, pourquoi l'ancien a-t-il disparu ? Que répondre ?

« Salut, la miss. En effet, tu as été discrète. Je te laisse mon numéro si jamais tu repasses dans le coin et que tu as envie d'un petit câlin. 07 .. .. »

Voilà, ça sonne pas trop intéressée, mais ça manifeste quand même un certain intérêt. La balle est dans le camp de Djamila. Il va falloir ne pas attendre son appel…

Deux heures plus tard, le portable vibre. Un SMS.
« Je suis en bas de chez toi, tu es là ? »

Laura a envie de lui répondre : « Oui, mais je ne suis pas seule, pas dispo, désolée. » Mais elle a envie de voir Djamila. Elle a encore envie d'elle. Laura se déteste, elle déteste se sentir vulnérable.

Elle laisse passer quelques minutes, ramassant son linge sale qui traîne par terre, tirant ses draps pour un semblant de lit fait... Et puis elle répond.

« Oui, monte, si tu veux. »

Un court instant plus tard, des pas cadencés dans l'escalier, le rythme des talons qui heurtent les marches en bois. Des coups légers à la porte. Laura ouvre et découvre une Djamila resplendissante dans une jupe rouge à volants, un petit caraco ivoire en soie, aux bretelles très fines sur ses épaules hâlées, douces comme un miel de fleurs sauvages... et le parfum de Djamila lui entre aussitôt par les narines, cet effluve sucré, fruité, frais en même temps... Laura se souvient instantanément de la saveur de son sexe, de la douceur de sa peau. Elle prend Djamila par la taille et l'attire à elle, l'embrasse à pleine bouche.

Après avoir refait l'amour, les deux femmes ne s'endorment pas, cette fois. Elles discutent. Djamila aborde le sujet qui fâche :

— Ta dernière relation, ça s'est fini comment, toi ?

— Heu... elle m'a trouvée en train de baiser avec une autre fille dans la cuisine. On s'est séparées le soir même. Ça fait 2 ans...

— Et depuis 2 ans ?

— Ben rien, juste des plans cul, sympa, pas de prise de tête, pas de cœur brisé.

— Mais ça te manque pas d'avoir quelqu'un ?

— Tous les matins au p'tit déj ? Et tous les soirs en rentrant du taf ? Non, ça va.

— Et tu n'as pas de regrets par rapport à... enfin, tu l'as trompée et ça s'est terminé et...

— Elle m'avait trompée avant. J'ai voulu lui rendre la pareille, point barre.

— Ah... Je vois, œil pour œil, d...

— Djamila, c'est bon, j'ai répondu à ta question, lâche-moi. Et toi, ta dernière relation ?
— Elle a duré 12 ans.
— 12 ans ?? La VACHE ! Mais... t'as quel âge, là ?
— 29...
— Attends, tu t'es maquée à 17 ans et t'es restée en couple pendant 12 ans ? Avec une nana ?
— Avec un mec. Du bled. Choisi par mon père.

Laura déglutit pour tenter d'avaler le malaise. Le ton et la voix de Djamila ont pris une dureté qui résonne d'une violence particulière. Djamila continue :

— Un soir, mon père m'a vue embrasser une copine de classe dans un petit coin de notre immeuble. Il a compris tout de suite. Il s'en doutait. D'aussi loin que je me souvienne, j'ai toujours préféré les filles. Mes parents me parlaient mariage, religion, famille, enfants. Oui, des enfants, j'en voulais bien, mais pas le mec qui va avec. Et j'étais un peu gourde, je ne savais pas grand-chose de la sexualité. Les cours de SVT étaient tellement abstraits, et j'étais gênée d'entendre des mots qu'on ne prononçait jamais à la maison. Mes parents ne sont pas des musulmans modernes. J'ai des amies à qui leur mère a parlé de sexualité, et plutôt positivement, en plus ! Mais ma mère... ARF !! Ma mère... mariée à 15 ans en Algérie, mère à 16 ans, arrivée en France trois ans plus tard, quasi illettrée... Enfin bref, ma famille est un cliché de l'immigration musulmane, quoi. Mon grand frère venait de se marier quand mon père m'a surprise avec une nana. Six mois plus tard, j'étais en Algérie, « vendue » à un mec de 45 ans qui ne devait surtout pas connaître mon passé de lesbienne. Heureusement, avant de quitter la France, une copine un peu plus âgée qui connaissait mes parents m'avait emmenée au planning familial, pour que je puisse avoir la pilule.

J'ai eu 1 an de pilule. Moins je tombais enceinte et plus mon mari me violait. Au bout d'un an, j'ai commencé à prier. Déjà, je devenais maboule en subissant les viols, mais l'idée de tomber enceinte, c'était insupportable.

Djamila prend une longue pause que Laura n'ose pas briser ne serait-ce que par le son de sa respiration. Laura a mal au ventre.

— Les prières n'ont pas marché, et 3 mois plus tard, j'étais enceinte. Le seul avantage, c'est que mon mari m'a laissée tranquille à partir de ce moment-là. Mais je ne voulais pas de ce bébé. Tu comprends, j'adore les bébés, et j'en voudrais un à moi, mais pas le fruit du viol… Ça, je ne pouvais pas. Alors j'ai essayé des trucs. En parlant avec quelques femmes, avec prudence, car je ne voulais pas tomber sur des délatrices… j'ai eu quelques conseils. Tous les soirs, une fois mon mari endormi, j'allais dans la cuisine et je me triturais l'intérieur avec un bâton fin et pointu. J'avais des crampes, ça saignait un peu, mais je sentais que le fœtus était toujours là. Alors un soir, j'ai poussé plus loin, jusqu'à l'insoutenable. Et j'ai fait une hémorragie. À l'hôpital d'Alger, ils m'ont soignée vite fait, mais comme j'avais la nationalité française, ils m'ont fait rapatrier. Je suis passée à deux doigts de la mort, Laura… C'est con de dire ça, mais ça a été une expérience intéressante. Être si jeune et si proche de mourir m'a fait réaliser que je ne voulais pas mourir, mais que je ne voulais pas vivre cette vie-là. À l'hôpital, j'ai raconté mon histoire à une infirmière, qui m'a envoyé une assistante sociale. Ça a été tout un chemin, mais j'ai pu rester en France, reprendre mes études. J'ai réussi à obtenir le divorce l'an dernier… Pour moi, cette relation a duré 12 ans et pas 1 an et demi, parce que tant que j'étais encore mariée avec lui, quelque part, je ne me sentais pas totalement libre. J'avais un blocage. Je n'arrivais pas à draguer, à aller vers les filles, et les rares fois où y en a une qui m'a approchée, limite je l'ai mordue !

Djamila rit d'un joli rire sonore et profond, un rien enfantin. Laura a envie de chialer comme une gamine devant *Rox et Roucky* à la scène finale.

— Je suis restée chaste ces 10 dernières années, mais j'ai beaucoup réfléchi, et beaucoup lu aussi sur les relations, le couple, le lesbianisme, le féminisme... OK, j'ai aussi maté des films pornos lesbiens... C'est pour ça que tu ne m'as pas trouvée trop gourde, je pense...

— Attends, tu me dis quoi, là ? Je suis ta première ? Je veux dire, la première nana avec qui tu as une... relation... sexuelle... complète ?

— Exactement. Tu comprends pourquoi je voulais clarifier un peu le truc avec toi ? Je voulais cerner si tu allais potentiellement m'utiliser comme un mouchoir jetable ou si j'avais une chance de t'avoir pour quelque temps...

Laura ressent une nausée pesante. Elle ne s'est pas remise du récit de Djamila. Elle ne peut pas concevoir un seul instant que cette superbe fille si sensuelle et souriante ait pu vivre un tel enfer au tout début de sa vie de jeune adulte, elle n'arrive pas à entendre qu'elle est sa première amante. Elle ne se serait jamais doutée que le sexe qu'elle avait ardemment désiré et contenté avait été meurtri par tant de violence. Elle compare sa vie à celle de Djamila. Elle se souvient du jour où elle avait annoncé à sa famille qu'elle préférait les filles... le regard amusé de son père, le sourire tendre de sa mère. Il faut dire que Laura avait choisi la manière brute et avait lancé d'un ton décidé, prête à en découdre, une phrase qui resterait dans les annales de la famille :

— Je suis lesbienne, comme George Sand et Colette !

C'était l'année du bac de français... Sa mère avait rétorqué :

— Elles étaient toutes les deux bisexuelles, ma chérie. George Sand a vécu une passion amoureuse avec Musset... Colette a eu un mari...

— Laisse, Christine, elle n'a pas encore révisé à fond, là. Mais bref, tu es lesbienne, ma chérie. Et tu pensais qu'on ne serait pas d'accord ? Tu crois que c'est ton choix ? Si tu aimes les filles, c'est que tu aimes les filles, point barre. Si tu avais aimé les garçons, tu nous aurais annoncé sur le même ton que tu étais hétéro ?

Laura avait décampé aussi sec, humiliée de n'avoir pas provoqué le tollé auquel elle aspirait. Ses parents étaient chiants à être tolérants. Elle ne voulait pas leur ressembler, elle ne voulait pas faire comme eux, ne voulait pas être comme eux, mais leur façon de voir la vie rendait son caractère et ses goûts naturels acceptables, nobles même, au même titre que tout autre condition humaine.

Après ses dernières crises d'adolescence durant lesquelles elle avait essayé toutes les couleurs et coupes de cheveux, lasse d'entendre sa mère lui répondre « si ça te plaît, c'est tout ce qui compte » quand elle lui demandait son avis, Laura avait enfin accepté d'avoir des parents aimants et ouverts. Sa tentative de discorde sur son orientation sexuelle avait pour origine des moqueries de camarades qui n'avaient pas été élevés avec les mêmes valeurs. Elle pensait confronter la société à travers ses parents, mais le prisme parental était trop au-dessus du lot pour rendre la chose possible. Bref, les seules vraies disputes qu'elle put avoir avec eux concernèrent les études et le travail. Élève moyenne mais régulière, elle décrocha le bac sans encombre et fit une école de journalisme. Tant qu'elle vivait chez ses parents, elle leur présentait régulièrement ses petites copines, qui trouvaient toujours chaleur et sourire dans sa maison familiale. Et réconfort, aussi. Parce que plusieurs d'entre elles étaient un peu jetées à la rue quand elles osaient affirmer leur homosexualité à leurs parents. Ceux de Laura les réconfortaient et leur prouvaient qu'il n'y avait pas que des homophobes dans leur tranche d'âge.

Laura a des larmes plein les yeux et elle se jette sur son téléphone. Sa mère décroche.

— Maman, je veux juste te dire merci et que je t'aime.

Elle raccroche.

— T'es folle ou quoi ?

— De quoi ?

— Mais ta mère, là, tu l'appelles avec une voix pleine de larmes, tu lui dis merci et que tu l'aimes, elle va c...

La musique du téléphone coupe la parole à Djamila.

— Oui, maman... Non, non, t'inquiète, je t'expliquerai. C'est juste que je suis avec une amie là et... non non non, ça va !!! Oui, le boulot, ça va ! Je t'expliquerai, maman. Oui... Non... Samedi ? OK !

Sourire embarrassé de Laura.

— Tu avais raison, c'est con, ma mère a un peu paniqué sur ce coup-là...

— Mais tu as eu envie de l'appeler après avoir entendu mon histoire ? Ça remet des choses en perspective ?

— Oui...

— Tu m'en veux de t'avoir un peu plombé le moral avec mes histoires ?

— Non, pas du tout.

Laura pleure. Elle n'arrive pas à retenir ses larmes. Mais elle ne sait même pas pourquoi elle chiale comme ça...

— Finalement, la plus forte des deux, c'est peut-être pas celle qu'on pense, hein ?

Djamila donne un coup de coude à Laura qui sourit et lui lance d'un ton qui se veut léger :

— Ma mère nous invite à dîner samedi soir. Ça te dit ? Je te présenterai mes parents... Tu vas voir, ils sont super gentils.

— Ouh là là !!! Déjà la présentation à la belle famille !!!

Djamila éclate de rire. Laura sait à cet instant précis que c'est verrouillé. Elle ne pourra pas la laisser filer cette belle brune-là. Même en pensant à la rousse Charlotte, elle ne ressent rien… rien du tout.

24 x 6

Marie, 45 ans, prof d'anglais

« *Il faut chevaucher notre ombre.* »

Carl G. Jung

6 heures, le réveil sonne. Elle s'étire et se lève péniblement, les articulations un peu douloureuses, à cause de tout ce surpoids sans doute, c'est ce que lui a dit son médecin. Et il a dit aussi que c'est dommage, qu'elle est une jolie femme, qu'elle pourrait refaire sa vie si elle se prenait un peu en main. Sale con. Il lui dit ça sûrement à défaut de pouvoir l'exhorter à perdre du poids pour raison de santé grave : son cœur va bien, ses analyses de sang sont excellentes pour une femme de 45 ans et la périménopause ne pose aucun souci pour le moment. Ou alors elle lui plaît et il voudrait bien se la faire cette patiente sûrement un tantinet dépressive, mais paradoxalement bardée d'humour et d'une apparente joie de vivre contagieuse. Sous la douche, elle repense à sa dernière visite chez le médecin pour un début de sciatique. « Ah ben oui, avec votre surpoids, ce n'est pas étonnant, ça tire sur vos lombaires, ça comprime le nerf… » Pas d'arrêt maladie, elle a dû boiter trois semaines devant ses élèves moqueurs, mais gentils. Se sécher n'est pas aisé quand on a des bourrelets et du mal à pivoter à cause d'eux. Atteindre certaines parties du corps était plus aisé avec 25 kg de moins, il est vrai. Rien que pour ça, ça vaudrait la peine de…

Choisir ses vêtements n'est pas le meilleur moment de la journée. Comment cacher ce ventre, quel tissu la ferait paraître moins pachydermique, quelle coupe de col pour se donner un air plus féminin ?

Elle opte pour de l'ample, même si on lui a dit 1 000 fois que ce n'était pas la solution, qu'au contraire cela la faisait paraître plus grosse. Tant pis. Elle ne supporte pas que le tissu moule ses formes, elle en devient toute raide, se comprime en elle-même pour tenter de réduire l'ampleur de son corps qu'elle sent déborder de tous les côtés. Au moins, quand elle porte de l'ample, son corps peut se déployer sous le tissu sans qu'elle doive se retenir de respirer toute la journée.

Après un thé noir et un bol de fromage blanc, noix et banane coupée, elle se brosse les dents et se maquille. Léger. Ses traits empâtés par le surpoids ont tendance à virer à la vulgarité au moindre coup de crayon trop appuyé, au moindre rouge trop pétant. Aux toilettes, elle constate une fois de plus que l'obésité la handicape pour les gestes intimes d'essuyage vers l'arrière... ses bras dodus ne lui facilitent pas la tâche et lui volent l'espace pour atteindre la zone cible. Et puis flûte, elle passe par l'avant, en faisant bien attention, mais là encore, son ventre est un obstacle et elle doit pousser et se plier pour atteindre l'objectif. Elle soupire, elle se sent prisonnière d'un carcan, elle a l'impression de porter un manteau d'hiver lourd et épais, en permanence, qui la gêne à chacun de ses gestes de la vie quotidienne. Elle force, pousse, étire, se relève, se rhabille, lave ses mains consciencieusement.

7 h 45, bon sang, vite ! Elle a 35 minutes de voiture, et en cas d'embouteillage à l'entrée de Poitiers, ça peut « vite devenir long »... Elle aime bien avoir 15 à 20 minutes de battement avant de rejoindre la salle de cours.

Dans la voiture, durant le trajet, elle pense à ses cours, à ce qu'elle a préparé et dont elle n'est pas sûre que ça corresponde bien à la leçon. Elle se dit qu'elle aurait pu trouver du matériel plus pertinent et plus accrocheur pour les élèves. Elle conduit en fixant la voiture devant elle tout en se rappelant ses années lycée, ses 16 ans, les crises de fou rire, ces fous rires qu'elle adore entendre dans sa classe, faisant exprès de se donner un air autoritaire que les élèves devinent factice, air autoritaire qui a pour effet d'amplifier le chatouillis du rire, de l'interdit délicieux, que ces adolescents n'auraient pas avec une prof « trop sympa ». Elle soupire en songeant à la réunion pour le conseil de classe des secondes 8 qui aura lieu ce soir à 18 h. La journée va être longue. Elle ne sera pas rentrée avant 20 h, voire 21 h…

8 h 30. Elle entre dans la salle de cours où les jeunes papotent en défaisant leur sac. Le cours commence et passe relativement vite.

9 h 20. Sa classe préférée devant elle, elle leur distribue leurs copies notées. Commentaires encourageants, pointe d'humour pour dédramatiser les notes plus basses, félicitations appuyées aux élèves pour qui l'anglais reste une bête noire, mais qui ont « bien bossé » sur cette évaluation.

10 h 10. Pause. Elle n'aime pas trop les récréations, parce qu'il y a des jours où ça la coupe dans son élan, la pression retombe durant les 15 minutes de calme, et quand il faut reprendre ensuite, c'est parfois difficile. Heureusement, elle a prévu un mini documentaire à montrer aux terminales. Ils doivent travailler la compréhension orale, ils sont trop faibles sur ce point-là.

11 h 30. Pause déjeuner. Elle laisse sortir les jeunes quand la cloche sonne, attend que le calme soit dans les couloirs et marche lentement jusqu'à la salle des profs. Dans sa boîte isotherme, elle s'est emmené deux œufs durs, une tomate, une boîte de thon et un yaourt. Des protéines, un peu de vitamines, un produit laitier. Ça cale pour quelques heures. En entamant son repas, écoutant d'une oreille distraite les propos critiques de ses collègues sur la réforme, elle ne peut s'empêcher de fantasmer sur le petit gueuleton qu'elle va s'offrir ce soir. Son plaisir. Comme tous les soirs. Sa drogue. Son n'importe quoi. Ce qui remplace l'affection, le sexe, la vie sociale, sans la contrarier, sans la décevoir, sans la frustrer : toasts et pâté de foie, plat de spaghettis carbonara avec un max de parmesan, gratin dauphinois surgelé – merci Picard ! – le tout arrosé d'une bière blonde sucrée, et pour le dessert...

— Tu en penses quoi, toi, Marie ?

Marie sursaute. Elle devait avoir l'air d'écouter, puisqu'on s'adresse à elle, à moins que ce ne soit que par pure mesquinerie pour la rappeler à l'ordre : tu es là, donc tu dois être sociale, montrer de l'intérêt, participer, nous regarder...

— Pardon, j'étais un peu ailleurs. Tu disais ?

— La réforme... l'oral pour les terminales, comment tu les prépares, toi, en anglais ? Moi, en espagnol, c'est galère, ils n'ont pas le niveau ! Il faudrait mettre un dispositif de rattrapage, faire remonter au rectorat. Tu en penses quoi ?

Marie soupire, intérieurement, le plus discrètement possible. Elle s'en fout complètement, en fait. À l'écrit comme à l'oral, la note dépend en partie du prof qui corrige. Au bac, elle avait eu de la chance en russe, moins de chance en histoire-géo. De toute façon, il faudrait plus d'une dizaine de correcteurs par copie pour évaluer avec justesse le travail d'un élève. Idem pour l'oral, il faudrait un jury composé de plusieurs personnes ! Quant au contrôle continu, étant mené par le même prof toute l'année, avec les mêmes rancœurs, les mêmes chouchous... Marie remet en question la notion d'évaluation objective. Elle se souvient d'une dissertation en anglais en classe de première, sur le thème de la page blanche. Elle avait 18 de moyenne dans cette matière et s'était lâchée sur une dissertation à la fois lyrique et argumentée sur la notion d'inspiration et de liberté suscitée par la page vierge, le blanc promesse, le blanc espoir, le blanc tout est possible... Elle avait fait corriger ses fautes de grammaire par sa grande sœur interprète de conférence et parfaitement bilingue. C'était sans compter sur la vie personnelle de la prof d'anglais qui venait de perdre son papa d'un cancer, dont un des premiers signes tangibles avait été une grosse tache blanche sur le dos... Marie avait eu une note qu'elle savait être inférieure à ce que valait son travail.

— J'en dis que, de toute façon, on fait de notre mieux et les élèves aussi. J'ai pas envie de m'embarquer dans une croisade anti-réforme, Claire...

Le silence qui suit est insupportable pour Marie, qui a toujours peur de blesser, de vexer ou de répondre à côté. Elle ne sait pas ce qui lui a pris de répondre ça. Mais c'est la vérité. Elle n'a pas envie de se battre, de s'insurger, de faire de vagues. Elle veut continuer son petit bonhomme de chemin. Et puis... elle sent bien qu'elle n'a pas les arguments, l'intelligence pour répondre. Elle n'est pas « outillée » pour penser plus loin que son travail de base : enseigner l'anglais. Pourtant, il y a tout un travail autour de ce travail. Les réformes pédagogiques, les actions syndicales. Marie ne s'est jamais posé de questions. Elle fait de son mieux dans le système tel qu'il est. Elle ne fait pas partie de celles qui feront bouger les choses, insuffleront du positif dans les réformes à venir. Elle n'est rien, elle n'est personne. Quand ses collègues se lèvent au son de la musique indiquant la reprise des cours, elle s'aperçoit qu'elle a gobé son yaourt sans y penser. Et qu'elle a encore faim. Mais elle pense à ce soir ; ce soir, ce sera bien.

13 h. Marie remarque que quand elle mange plus léger, la fatigue du postprandial se fait moindre, et même absente. Ah, si seulement elle pouvait manger à chaque repas un contenu sain et équilibré, elle serait plus en forme, c'est sûr... et son corps perdrait ce surpoids qu'elle ne supporte pas de voir dans le miroir, mais bon...

14 h. Les secondes sont agitées. Marie doit crier plusieurs fois pour ramener un semblant de silence et de concentration, tout en pensant que ces pauvres jeunes ont déjà 5 heures de cours dans le corps alors qu'ils sont pleins d'énergie, eux.

15 h. Plus que deux heures de présence. Marie sent une fatigue peser sur son corps et son mental. Elle n'est plus très sûre de pouvoir bien expliquer l'utilisation du *past perfect continuous* à ses élèves de 1ère... Mais finalement, elle ne s'en sort pas trop mal.

16 h. Une heure de battement avant l'heure d'étude qui clôt la journée et durant laquelle elle fera de la surveillance, puisque les élèves ne demandent jamais d'aide. Assise en salle des profs, elle épie d'un œil maladroit un des profs d'EPS dont elle n'arrive pas à se souvenir du prénom. Emmanuel, ça doit être ça. Il est assez beau. Marie n'a jamais eu l'occasion de lui parler, car ils n'ont pas les mêmes classes dans ce grand lycée, et c'est comme s'ils n'étaient même pas collègues. Il a des cheveux mi-longs, blond cendré, un peu bouclés. Une belle gueule carrée. Il doit avoir dans les 30 ans. Marie sourit en rougissant... Elle n'est pas

une cougar ! Qu'est-ce qui lui prend de mater un « petit jeune » avec de jolis muscles sous le T-shirt ? Le manque, peut-être, qui finit par la rattraper. Il lui reste 45 minutes à tuer avant la dernière heure ; elle va se chercher un chocolat chaud au distributeur. Le sucre, le goût du cacao, c'est toujours agréable. Elle pense à son dessert de ce soir : une pêche melba, et de la chantilly... Elle fera durer le plaisir en mettant la chantilly à chaque bouchée. Et puis comme ça, elle ne se rend pas compte de la dose totale, qui lui affolerait le mental et la ferait partir sur un inutile et culpabilisant calcul de calories. Emmanuel a quitté la salle des profs. Marie ne s'en est même pas aperçue.

17 h. Un silence berçant plane dans la salle d'étude... Les élèves font semblant de travailler, Marie leur fout la paix ; pauvres gosses, après une journée de cours, ils doivent être crevés. Marie part dans ses rêves. Elle rêve de son repas de ce soir, du plaisir qu'elle en tirera à coup sûr. Elle réfléchit aussi : quel film va-t-elle choisir de regarder en mangeant ? Quitte à s'anesthésier, autant que ce soit total. La bouffe pour ne plus sentir la vacuité insondable de son être, un film pour ne pas sentir qu'elle mange trop. Chaque élément a un rôle bien défini. Chaque chose à sa place.

17 h 55. La cloche retentit, petite musique pimpante. Les élèves se lèvent, Marie pense à la cigarette qu'elle va griller dans sa voiture pendant le trajet du retour. Et puis elle se souvient de la réunion pour le conseil de classe...

21 h. Arrivée chez elle, Marie dépose son sac, ses affaires. Elle est exténuée. La réunion a traîné sur un débat stérile à propos d'une élève prise en grippe par certains collègues qui estiment « qu'elle n'a pas sa place en classe de seconde générale ».

Marie l'a défendue comme elle a pu. D'une voix mal assurée. Elle la touche, cette gamine. Paumée, impertinente, mais sensible et intelligente.

Demain, Marie n'a pas cours. Journée *off* bienvenue. Elle va pouvoir dormir, lire... Elle devra corriger des copies et préparer ses cours pour après-demain, mais d'abord, elle va savourer sa soirée.

21 h 30. Les victuailles sont prêtes. Que l'orgie commence.

23 h. En prenant bien le temps d'espacer chaque plat de 10 minutes, en dégustant, en attendant un peu pour susciter l'envie, Marie réussit à faire traîner son repas sur 1 h 30, elle se dit que c'est un record. Elle se lève régulièrement et met son film sur « pause » pour aller chercher la suite. Elle pense en rigolant qu'aucun mec de sa vie n'a jamais pu tenir 1 h 30 au lit, préliminaires inclus. Ou alors elle n'est tombée que sur des mauvais coups ? Ou alors c'est elle qui n'en faisait pas assez ? Bof... au moins, la bouffe, elle peut la faire durer... faire durer le plaisir... et se resservir at libidum.

23 h 15. Marie prend une douche, elle se sent sale. Grosse, lourde, encombrée, pesante. Mais calme. Apaisée. Comme si une petite voix mesquine qui l'accompagnait tout au long de la journée sans qu'elle veuille l'entendre avait enfin fermé sa gueule. Elle ne la perçoit pas vraiment de la journée, mais elle est là, elle la sent, elle le sait... comme si cette petite voix avait à peine besoin de chuchoter ou d'être audible pour lui faire passer le message quand même.

23 h 30. La fraîcheur des draps, le froid dans le lit. Un lit deux places pour y mouvoir son large corps dodu. Le corps d'un

homme serait bienvenu, ce soir, particulièrement bienvenu. Elle glisse une main entre ses cuisses et remonte un peu vers son sexe, mais non, elle n'a pas envie de ça. Elle aurait envie de nicher son visage au creux d'une épaule ou sur un torse poilu qui aurait l'odeur de son homme, son homme à elle, celui qu'elle n'a jamais rencontré. Elle aurait besoin, là, juste là maintenant, de poils virils sur un torse mâle, de sa chaleur, de son odeur, de sa tendresse et de sa présence. Un fantôme sans visage. Un fantôme qui a tous les visages qui se sont posés sur ses seins, sur son ventre et dans ses bras ces vingt dernières années. Elle pense qu'elle n'a jamais su refermer ses bras assez fort pour retenir l'un d'eux, mais la vérité est autre. Elle sait qu'elle est seule parce qu'elle a refusé de renoncer à ses rêves, au rêve d'un Prince Charmant parfait *all options included*, seule parce qu'elle a fui maintes fois l'engagement amoureux par peur que ce ne soit pas « le Bon », seule parce qu'elle n'a pas fait confiance à qui elle était avant de devenir l'ombre d'elle-même, seule en boucle comme au jour de sa naissance, et vers la mort, qui arrivera quand elle arrivera dans son existence dénuée de sens, et pourtant elle les aime ses élèves, elle aime son travail, réforme ou pas… Il faudra compléter le dossier pour la directrice adjointe et s'occuper de la levée de fonds pour le voyage à Londres du mois de mai, et puis le sommeil la happe, comme un voile posé sur un tableau vivant qui aurait cessé de remuer par crainte d'une dislocation.

Cathy, 34 ans, aide-soignante

« Pour ne pas mourir dans un désert, il faut marcher. »

Maxime Gréau

5 h 30. La musique que Cathy a choisie sur son téléphone pour son alarme lui donne le sourire. Elle se lève d'un coup, s'étire, pense à exprimer de la gratitude envers la vie, gratitude pour son boulot, gratitude d'avoir deux beaux enfants en bonne santé. Elle devrait faire un peu de yoga, mais une fois encore, elle passe directement sous la douche et sait que la salutation au soleil ne sera pas pour aujourd'hui. De toute façon, le soleil n'est pas encore levé, lui. Cathy se sèche en pensant à cette vieille dame qu'elle a massée hier et qui lui a dit « merci » avec une larme au coin de l'œil. Ce sont ces moments qui donnent du sens à ce qu'elle fait chaque jour dans son travail. Malgré la fatigue, malgré son dos qui commence à tirer de plus en plus douloureusement… malgré la fatigue.

Elle se dirige dans sa petite cuisine et prépare le petit-déjeuner, met la radio, se maquille en chantonnant.

6 h 20. Cathy va réveiller avec beaucoup de douceur et tout son amour de maman ses deux petits, Léo et Mathilde… Ils ont 6 et 8 ans… Ils iront à la garderie de l'école un peu tôt ce matin, parce qu'elle est du matin et il faudra qu'elle soit à l'hôpital avant 7 h. Juste le temps du petit-déjeuner, une toilette rapide, les vêtements, et hop, en voiture.

6 h 50. Cathy embrasse ses petits et leur dit « à ce soir ». Les yeux un peu collés encore, les petits s'engouffrent dans la salle d'accueil de la garderie. C'est Laurence qui les accueille. Elle est gentille, Laurence. Cathy est soulagée.

6 h 58. Cathy se gare sur le parking de l'hôpital, saisit son sac et se rue vers l'entrée. Elle est un peu en retard : idéalement, il faudrait qu'elle se gare à 6 h 50 pour être prête à commencer son shift à 7 h pile-poil. Tous ses collègues connaissent sa situation de mère monoparentale, ils sont tolérants, voire arrangeants…

7 h 02. Cathy rejoint ses collègues, en tenue de travail, comme elle, dans la salle de réunion. Le chef de service veut leur parler à tous avant de les laisser vaquer à leurs tâches.

7 h 20. Cathy arrive dans la chambre 25 pour une toilette. La matinée se passe sans encombre.

Après la pause déjeuner, Cathy s'offre un café et observe le va-et-vient aux urgences depuis la fenêtre de la cafétéria.

Dans l'après-midi, il y a cette petite dame de 75 ans toute faible et toute fragile, qui parle peu et ne demande jamais rien. Cathy lui fait un petit massage, comme la veille. La dame lui prend la main.
— Merci, vous avez de bonnes mains.
Leurs sourires échangés remplissent Cathy d'un sentiment affectueux pour cette femme en fin de vie. Elle sait que les petits gestes sont importants et que ses mains parlent mieux que de longs discours.

16 h 12. Cathy se change rapidement, remet ses chaussures de ville, attrape son sac et s'élance à travers la salle du personnel. Une main douce mais pesante la retient une seconde. Elle se retourne : c'est Samy, le beau Samy, avec ses yeux noirs et son sourire chaleureux…

— Cathy, quand est-ce qu'on sort tous les deux ? Je voudrais t'emmener au cinéma ! Alleeez !

Cathy sourit. Samy est tellement beau. Elle aime le petit jeu de séduction qui s'est installé entre eux. Mais ses enfants vont l'attendre, elle a du chemin à faire et l'heure de pointe est sauvage en région parisienne.

— Samedi ? Samedi, tu es libre, Cathy ?

— Non, Samy, samedi, j'ai aquaponey, tu sais bien…

Et Samy rit, malgré le dixième râteau qu'il vient de se prendre. Samy ne sait pas à quel point ses attentions et son petit jeu de séduction participent à la joie de Cathy au travail.

Cathy ne cesse de repousser ses propositions tout en laissant la porte ouverte.

— Peut-être la semaine prochaine !!! Bye tout le monde !!! Je dois filer là !!

Cathy espère que Samy ne va pas se décourager. Il est tellement mignon. Il est charmant. Il a un soleil dans le cœur. Toutes les patientes tombent amoureuses de lui… Cathy a déjà pensé qu'il serait un chouette beau-père pour ses enfants, un compagnon attentif et respectueux, un bon amant en prime ? Qui sait ? Elle sourit comme une ado amoureuse.

Cathy monte dans sa voiture, elle démarre et fond en larmes. À cause de Samy qu'elle ne veut pas gâcher. Parce qu'Alexandre était charmant, lui aussi. Jusqu'à la naissance de Mathilde. Il

avait changé. Un peu. Trois fois rien. Pas de quoi porter attention aux remarques de ses amies et de ses parents : « Tu as entendu comme il te parle ? Il est de mauvaise humeur ou quoi ? »
« Pourquoi tu le laisses te parler comme ça ? »... Elle avait supporté, croyant à une passade, croyant qu'Alex allait redevenir l'homme prévenant et doux qui l'avait séduite et qu'elle avait aimé. Et puis la naissance de Léo. Seule à l'hôpital. Alexandre qui ne vient pas, il est injoignable.

Un camion la klaxonne. Elle a grillé une priorité à droite. Heureusement, le camion n'allait pas vite. Elle fait un signe de la main pour s'excuser. Elle arrive à l'école et prend Léo et Mathilde, les embrasse, les ramène à la voiture en leur posant des questions sur leur journée. Elle se sent fatiguée. Mais en arrivant, après le goûter, il faudra faire les devoirs, gérer le bain, préparer le repas, lancer une machine...

— Arrête, Alexandre, tu lui fais mal !
L'image de l'incident lui revient comme un flash. Le petit Léo qui a 1 an et commence à marcher veut sortir de la cuisine pour aller dans le salon. Cathy et Alexandre sont dans la cuisine avec les deux enfants ; Alexandre referme brusquement la porte, coinçant les doigts de Léo qui hurle, mais Alex ne lâche pas la porte, il tire plus fort, en colère, agacé, impatient.
— Arrête, Alex !! Lâche la porte, tu lui écrases les doigts !
Le cœur de Cathy bat à tout rompre. Elle revient au présent. Elle se souvient des pleurs de son fils, son état de choc, le regard d'Alexandre... et sa décision. Même si ce jour-là, Léo n'avait pas eu de blessure grave, la violence de la scène avait permis à Cathy d'ouvrir les yeux sur la situation. La vie de famille avec Alex n'était que terreur. Ne pas faire de bruit. Ne pas prendre d'initiative sans en avoir parlé avec Alex, qui disait toujours non à

tout. Le manque de caresses et d'affection, l'absence de sexualité dans leur couple. Les absences d'Alex certains soirs, durant lesquelles Cathy se sentait bien, mieux en tout cas qu'en sa présence. Le divorce. La garde exclusive octroyée à Cathy grâce à un avocat payé par son père. Ses parents s'étaient endettés pour, disaient-ils, « sauver leur fille et leurs petits-enfants des griffes de ce manipulateur ». Alexandre n'avait pas bronché. Finalement, ses enfants, il s'en foutait. Cathy avait de la chance : elle savait que ça aurait pu être bien, bien pire.

— Maman, on mange quoi ce soir ?
— Je sais pas, heu… il y a de la soupe et je pensais faire des pâtes carbo.
— Ouaiiiis, des pâtes carbo !!
— Mais la soupe d'abord, Léo.
— Je pourrai avoir de la glace au dessert ? À la cantine ce midi, on a eu de la glace, mais pas bonne…

Le babillage de ses deux amours lui tire des sourires, mais un chagrin habite sa poitrine, il est pesant et son souffle est court.

20 h. La vaisselle est lavée, les enfants sont couchés. Cathy leur raconte une histoire, une petite fable sur un oiseau qui tombe du nid et que des enfants recueillent, nourrissent et adoptent. Léo déclare avant de s'endormir qu'il voudrait adopter un petit pigeon. Mathilde, elle, voudrait un chien « comme chez papy et mamie, un pareil ! ». Cathy n'a pas le cœur de leur rétorquer que la vie en appartement avec plus de 10 h d'absence par jour rend leurs projets animaliers impossibles. Elle quitte la chambre en leur disant : « On verra, on verra. » En refermant la porte, elle a encore envie de pleurer. Elle ne sait pas pourquoi. C'est sûrement à cause de Samy. Depuis son divorce, elle a rencontré quelques hommes sur un site, mais ce n'est jamais allé

plus loin qu'un dîner, un ciné, suivi ou non d'ébats sexuels plus ou moins satisfaisants. Et ça lui coûtait cher en babysitting. Elle pense qu'elle pourrait inviter Samy à venir manger avec eux, samedi soir. Elle sent ce vide au creux de son cœur. Et puis elle sent de la peur.

Elle invitera Samy demain... Elle se pose dans son canapé miteux et allume la télé. Elle s'endort devant un épisode de série policière. Quand elle se réveille, il est 1 h du matin. Elle éteint la télévision, va jeter un œil, ou plutôt une oreille dans la chambre de ses petits, elle guette leurs respirations calmes, puis referme la porte et va se coucher.

Elle invitera Samy demain... à dîner chez elle avec ses enfants... vendredi ou samedi soir...

Elle invitera Samy demain. Ça fait un an qu'elle pense à le faire tous les soirs avant de s'endormir.

Théophile, 43 ans, ingénieur

« La luxure n'égare pas les gens, les gens s'égarent eux-mêmes. »
Proverbe chinois

5 h 45. Le réveil sonne, mais Théophile avait déjà les yeux ouverts. La lumière d'une aube naissante en ce mois de juin l'avait déjà réveillé. Son sommeil est léger. Il entend la respiration de sa femme. Il ressent un agacement teinté de culpabilité. Elle n'était pas assez en forme hier soir pour faire l'amour. Elle l'a juste caressé jusqu'à ce qu'il jouisse. Pour être tranquille, sans doute. Théophile songe à retourner sur ce site pour gens mariés, qu'il fréquente de manière sporadique depuis 5 ans, depuis la naissance de leur 4e enfant. Généralement déçu, mais parfois agréablement surpris, il repense à Mélissa. Avec elle, le sexe, c'était vachement bien ! Mais il avait déconné : pour la voir en cachette, il avait posé des congés, avait fui des réunions, conduit trop vite sur les routes de campagne pour aller la rejoindre et s'adonner aux plaisirs défendus en pleine nature ou dans sa voiture. Tout cela avait été trop loin trop vite. Et sa femme ayant découvert le pot aux roses, il avait dû rompre avec cette maîtresse… Il ne l'avait connue que quelques mois, mais il pensait encore à elle parfois en faisant l'amour à sa femme et… merde, voilà qu'il bande. Pas le moment.

Théophile se masturbe sous la douche en pensant à Mélissa. Des images du film porno amateur qu'il a visionné la veille au travail lui reviennent en tête également.

6 h 30. Petit-déjeuner rapide, lever des enfants.

7 h 30. Départ pour une conduite à l'école. Sa femme s'occupe des deux plus grands et lui des petits, et passe prendre les enfants du voisin qui fréquentent la même école que les siens. Le covoiturage, c'est écolo, et Théophile est écolo.

8 h. Les enfants sont à l'école, Théophile prend la route vers son travail. Il est ingénieur à EDF et travaille sur le site d'une centrale. Site sécurisé, il y a la queue à l'entrée, il prépare son badge. Il est 8 h 45.

9 h 10 : réunion avec le chef de projet rénovation. Théophile a envie d'un café, mais ce serait le 3e, ce n'est pas raisonnable. S'il s'était couché plus tôt, il ne serait pas si fatigué. Mais il avait tenu à voir une vidéo originale mettant en scène ces femmes qui lisent les extraits d'œuvres classiques avec un vibromasseur inséré dans le vagin ; lire, lire jusqu'à ce que l'orgasme arrive. Il avait regardé la vidéo une fois son épouse endormie, bien sûr, et après qu'elle lui eut prodigué des caresses calmantes. Mais son ardeur sexuelle encombrante le tenait fort, chevillée à son corps comme un parasite qui vous titillerait le bout du gland en permanence. Il en avait parlé à sa docteure, une blonde charmante d'une cinquantaine d'années, qui l'avait rassuré : « Tous les hommes pensent au sexe tout le temps ! Vous êtes normaaal ! » La voix des femmes qui change au moment de la jouissance, le texte qui perd les pédales dans le dédale du plaisir…

— Théophile, le chantier en est où ?
Théophile sursaute et se dépêche de revenir au sujet de la réunion. Il est intelligent, vif d'esprit, il s'en sort bien. Tout en parlant, il se demande si ses collègues femmes ont perçu la bosse qui point de son entrejambe et cela l'excite encore plus.

13 h. Le déjeuner se passe bien. Théophile a aperçu la stagiaire brune aux longues jambes pas très loin. S'il osait, il irait lui offrir un café, mais elle discute avec un chef de projet et son maître de stage. Ce serait maladroit, malvenu, tout le monde pourrait deviner ses intentions. Et puis, pas de sexe au travail, trop risqué, trop risqué... Déjà, il y a 3 ans, lors de la fête de Noël de l'entreprise, il y avait failli avoir un scandale quand son épouse et leurs 4 enfants devant le sapin avaient vu leur mari et père inviter à danser une ravissante femme entre deux âges... Son épouse lui avait posé 1 000 questions. Théophile s'était juré de ne plus jamais draguer au travail. Pourtant, il n'avait fait que danser !! Sa femme exagérait toujours ! Fatigante avec sa jalousie maladive !

L'après-midi se passe bien, mais Théophile est agité. Comme souvent, sa concentration est perturbée. Il pense à la stagiaire. Pour se changer les idées deux minutes, il retourne sur le site adultère et tape une recherche. Il ne trouve aucun profil de femme satisfaisant. Il relit son profil à lui pour voir s'il ne devrait pas le modifier un peu : « Homme marié bien dans sa tête et sans prise de tête cherche rencontres discrètes pour sensualité, massages et plus si affinités. Je suis très coquin et j'adore vous faire jouir, Mesdames. » Non, c'est parfait comme cela. Il a mis deux photos de lui en album privé.

Il voit qu'une femme a visité sa fiche, et ce plusieurs fois depuis sa dernière connexion qui date de... plusieurs mois déjà. Il va lire en retour la fiche de la belle et voit qu'elle s'est connectée la veille. De la chair fraîche. Pas de photos, mais un texte de présentation sympa : « Ici pour m'amuser, faire de nouvelles rencontres, et qui sait, du sexe intense avec beaucoup de sensualité... J'aime les massages, les hommes bruns charismatiques. Discrétion exigée. Pas de relation à long terme. » Il se décide à lui envoyer un message. Payant. Tout est payant sur ce site. Mais Théophile travaille dur pour gagner un salaire confortable. Alors, il recharge ses crédits et envoie son message. « Bonjour, belle inconnue, je pense correspondre à ce que vous cherchez. Alors, on prend un grand café quand ? » Puis il se remet au travail.

18 h. Théophile a un message de sa femme : « Apo est à la gym, peux-tu aller la chercher à 19 h ? J'ai dû emmener Maxime chez le médecin, il a encore mal à l'oreille. Marie et Côme sont chez la voisine. »

Il soupire. Avec quatre enfants, il y a toujours des imprévus, des rendez-vous, des déplacements. Un rythme de fou. Mais il a de l'énergie, alors ma foi, ça l'occupe, ça remplit sa vie. Et puis cette grande famille, il l'a voulue. Il adore ses enfants. Et il aime sa femme. Dommage qu'elle ne lui montre pas assez son amour. Théophile quitte le travail et écoute une musique de jeunes dans la voiture pendant le trajet.

19 h. Sa fille lui saute dans les bras, il l'embrasse en pensant que c'est si bon d'aimer ses enfants.
Puis il jette un œil sur la prof de gym dont le justaucorps moulant dévoile les formes généreuses de sa poitrine. Elle n'est plus toute jeune, mais elle a de gros seins… Elle lui rappelle vraiment sa prof de maths en classe de première : une quadra un peu cougar qui portait des jupes fendues et s'asseyait sur le bureau pour expliquer à une classe de boutonneux coincés les études de fonctions avant d'aller écrire au tableau en tortillant son gros cul flasque. Théophile se sent en forme, ce soir. Il espère que sa femme aura envie.

20 h. La soirée à la maison se passe bien, Maxime ayant une otite séreuse, il est au lit et le dîner sera plus calme. Théophile aide sa femme à préparer le repas, finir les devoirs des plus grands.

21 h 15. Une fois la table débarrassée et le lave-vaisselle en route, il est temps de mettre les enfants au lit.
Théophile laisse sa femme s'en occuper. Il consulte ses mails et voit que le garagiste lui a envoyé le devis pour réparer sa voiture de collection, une Aston Martin V8 de 1978. Aïe, ça pique. Mais il tient à cette voiture qu'il s'est offerte il y a 3 ans, pour ses 40 ans. Après un rapide calcul, il décide de donner son accord à la réparation. De toute façon, s'il veut rouler avec et en profiter, il n'a pas le choix. Il appellera le garagiste demain. Il s'apprête à ouvrir un onglet de navigation privée sur Internet, mais il entend sa femme redescendre. Elle soupire, elle est fatiguée, « comme d'habitude », songe-t-il.
— Théophile, il faut que je te parle.
— Oui...
— J'ai du mal en ce moment, je suis fatiguée. Il faudrait que tu m'aides davantage.
— Comment ça ?
— Eh bien, le samedi, par exemple, je dois emmener les enfants au catéchisme, aux activités ensuite, revenir, préparer le repas. J'aurais besoin que tu prennes plus de choses en charge parce que pour moi, ça fait beaucoup. Le samedi, j'ai besoin de temps pour me préparer pour l'annonce de l'Évangile le dimanche et ça m'aiderait bien que tu t'occupes des conduites.

Théophile n'ose pas dire non, mais cette proposition d'organisation ne l'arrange pas. Il aime se retrouver seul le samedi matin, au lit, pendant que la petite dernière dort encore. Quand sa femme part emmener les trois autres enfants à leurs activités scouts, il bénéficie d'un temps libre fort apprécié durant lequel il visionne généralement quelques petits films de porno amateur, de 5 à 10 minutes. Au bout du 3e, il se sent prêt à se masturber avec vigueur et se soulage d'une tension pesante. Mais il dit oui à sa femme pour les conduites, parce qu'il aimerait bien baiser ce soir et qu'il ne veut pas la contrarier.

— Pas de problème, ma chérie, tu fais bien de me demander. Viens t'asseoir…

— Merci, chéri. Je vais au lit, je suis crevée, là.

— Moi aussi… Je viens avec toi.

Il sent sa femme se tendre… Il perçoit une crispation qui lui fige l'échine, il la perçoit sous le gilet bleu marine qu'elle porte près du corps. Elle a grossi, ces derniers temps. Pas qu'elle soit enceinte, non, ça, c'est impossible, Théophile s'est fait vasectomiser après la naissance de la petite.

Quatre enfants, c'était leur objectif. Objectif atteint, fermons boutique.

Non, elle a sûrement grossi à cause des antidépresseurs. Elle en prend plusieurs, il est difficile de trouver le bon traitement.

21 h 45. Quand sa femme sort de la salle de bains, Théophile la prend dans ses bras et l'embrasse à pleine bouche. Il ne sent pas l'excitation du baiser sensuel qu'il aime tant et qui lui manque… Mais ses mains glissent sous la chemise de sa femme et ses formes le font bander. Il se colle à elle et la sent se raidir un peu. Elle a besoin de se détendre, il va lui faire un massage.

21 h 48. Dans le lit, il lui propose donc de lui masser les épaules. Elle accepte. Le massage tourne rapidement aux caresses érotiques. Il pétrit les seins de sa femme qui semble peu réactive. Il lui a semblé l'entendre renifler. Pourvu que la famille n'ait pas encore attrapé un rhume de fin de printemps comme l'an passé. Théophile s'excite de plus en plus. Il guide la main de

sa femme sur son caleçon, puis enlève son caleçon et retire la chemise de nuit de sa femme. Il ne la masse plus, il la caresse et glisse sa main vers son sexe à elle. Il sent bien que la main de sa femme sur son sexe n'est pas très empressée... Il se place face à elle pour la faire s'allonger sur le dos. Il remarque une trace humide au coin de ses yeux. Il l'embrasse. Il lui dit « Je t'aime ». Elle répond « Moi aussi ». Il la pénètre et elle gémit. Il la fait changer de position. Au bout de 20 minutes, il sent qu'il n'arrivera pas à jouir. Il s'allonge et embrasse sa femme. « Bonne nuit. » Au bout de quelques minutes, il entend que sa femme s'est endormie. Sa respiration est lente, calme... Il se relève doucement, lentement, et va dans le petit bureau adjacent à la chambre nuptiale.

22 h 26. Il allume l'ordinateur et visionne des images de femmes sur un site pornographique. Il vérifie sa messagerie sur le site adultère. La femme à qui il avait envoyé le message lui a répondu.
« Bonsoir, merci pour l'invitation. Je peux voir vos photos d'abord ? Et n'hésitez pas à demander les miennes. »

Théophile valide l'accès aux photos, demande à voir celles de la femme. Elle n'est pas en ligne. Il ferme le site et regarde une séance sur la chaîne de Jacky et Michel. Il se masturbe et retourne se coucher. En s'endormant, il espère que la femme du site adultère sera jolie et suffisamment libertine pour se libérer très vite. Il sait que c'est pécher que de faire ce qu'il fait. Mais après tout, tous les hommes pensent au sexe à longueur de journée. C'est sa docteure qui lui a dit.

Nathan, 44 ans, psychologue

« Bien sûr, je te ferai mal. Bien sûr, tu me feras mal. (…) C'est à mon risque de peine que je connais ma joie. »
Antoine de Saint-Exupéry

7 h 30 : l'odeur de café se répand dans la maison. Nathan s'étire et pense à ce premier petit plaisir de la journée. Positive attitude. Apprécier chaque petit détail, chaque moment de joie… « Le bonheur est fait des malheurs qu'on n'a pas » ou un truc dans le genre, a dit Achard. Nathan l'a fait sien, cet aphorisme. Et il l'utilise souvent en séance avec ses patients, avec cet humour dont il se sait capable et qui permet de faire passer bien des messages si besoin.

Il se souvient que son premier rendez-vous au cabinet n'est qu'à 11 h, mais c'est très bien ainsi : il aura le temps de faire un footing avec le chien dans les champs, de prendre sa douche, de lire un peu avant de recevoir Madame L.

9 h. Après avoir bu trois cafés en lisant les nouvelles sur Internet et digressé sur un forum de pros à propos de l'utilisation des méthodes alternatives par des psychologues, il se change et revêt ses fringues de sport, sort avec Loup, son malinois croisé on ne sait pas avec quoi, et commence à trottiner sur la route de campagne devant sa petite maison.

9 h 17. Il respire avec joie les effluves automnaux de sa jolie campagne. L'humus des petits lopins de terre non cultivés, la

saveur âcre du bois humide des bosquets. Loup met son nez partout et le rejoint en trois bonds. Nathan accélère peu à peu jusqu'à trouver le bon rythme. Il sent son corps vivant, il déroule ses foulées sur le sol en pensant à respirer. Il pense à respirer, Nathan. Sinon il va penser à autre chose et sa journée va être compliquée, ou à tout le moins entachée d'une mélancolie trop familière dont il aimerait bien se défaire. Il accélère sans s'en rendre compte tout de suite, mais un essoufflement marqué le rappelle à l'ordre : cela ne fait que trois semaines qu'il a réussi à reprendre la course à pied. Il y a un an à cette heure-ci, il était au top de sa forme. La jeune quarantaine, il avait couru le marathon de Tours. Elle était là pour l'accueillir à l'arrivée et masser ses jambes tétanisées par des crampes. Elle avait des mains divines. Pas que pour les soins, d'ailleurs. Nathan sent une boule de stress lui écraser le plexus. Putain, il a envie de chialer. Ce n'est pas le moment. Sa respiration est coupée et il doit s'arrêter. Il a encore pensé à elle.

10 h. Après avoir pleuré trois minutes sur le bord du chemin, il a pu reprendre son footing et terminer ses 7 km sans autre pause. Il file à la douche.

10 h 52. La sonnerie du cabinet retentit. Mme L est encore en avance, comme d'habitude, ce qui a le don d'agacer Nathan. Il se dit qu'il va la faire patienter en salle d'attente, que 1 h c'est 1 h, pas 1 h 10, pas 1 h 12… et puis il lui ouvre la porte et il sent qu'il n'aura pas le courage de l'envoyer patienter 8 minutes. Il la reçoit.

12 h 02 : Mme L. sort du cabinet en le remerciant chaleureusement, comme d'habitude. Nathan se demande pourquoi elle vient encore le voir : depuis trois mois, elle va beaucoup mieux ! Il n'a pas l'impression de pouvoir lui apporter quoi que ce soit

de plus ; mais elle reprend toujours rendez-vous. Il attend le bon moment pour aborder avec elle la notion de fin de thérapie, d'un au revoir, de l'indépendance. Pour le moment, il n'arrive pas à poser le terme de cette relation d'aide.

12 h 15 : Second rendez-vous, une nouvelle personne. Nathan a préparé sa fiche de premier entretien. L'anamnèse est primordiale, il ne faut pas se louper, ne pas rater la demande explicite, et la cachée, celle qui peut faire basculer le chemin que va suivre le patient. Lui ne décide de rien. Il accompagne. Et fait preuve d'empathie. Trop, parfois. Pleurer en séance au récit d'un chagrin d'amour face à ce jeune patient il y a un mois lui avait valu une mise en garde de son superviseur à qui il avait confié son trouble. « Attention, Nathan, ne confonds pas empathie, compassion et sympathie… et ne confonds pas ta vie avec celle de tes patients. »

13 h. Petite pause avant le 3e patient qui vient à 12 h 30. La première séance avec le précédent s'est très bien passée. Nathan adore ce sentiment de satisfaction, se sentir utile, voir une personne parler et se détendre, reprendre contact avec sa force simplement en étant écoutée, réellement écoutée. La personne en question est une femme de 30 ans qui souffre de migraines au sujet desquelles son neurologue dit ne rien pouvoir faire de plus et a suggéré de « voir un psy »…

Le courant est bien passé. Sa patiente a un faux air de celle qu'il avait aimée si fort pendant 8 ans… et qui l'a quitté juste avant Noël dernier. Il se demande s'il est objectif ou si son esprit encore parfois troublé ne lui fait pas voir des ressemblances là où il n'y en a aucune.

16 h. Pause de deux heures avant le prochain rendez-vous. Nathan hésite : lire, écrire, jouer un peu de guitare, revoir ses

notes sur les prochains patients ? Il reçoit jusque tard le soir, horaires de travail obligent pour certains. En se préparant un thé à la cerise, il se souvient des dégustations qu'il avait organisées pour elle. Elle qui n'aimait pas le thé, mais qu'il avait initiée au goût âpre, aux saveurs subtiles des plantes de provenances diverses... Il se souvient de la première fois dans sa cuisine où, ayant renversé la première tasse, il avait senti son regard se poser sur lui avec tendresse et où il l'avait embrassée. Ils avaient fait l'amour sur le comptoir de la cuisine... Cette première fois avait été tellement géniale...

Nathan regarde le thé chaud aux couleurs d'automne refroidir. Et ses larmes tombent sur le comptoir.

17 h. Nathan reprend sa lecture d'un auteur qu'il affectionne, un psychanalyste pourtant, mais qui parle de la dépression comme d'une épreuve potentiellement mûrissante.

17 h 06. Un passage lui fait faire un lien avec les propos de Dabrowsky sur la désintégration positive... Nathan se demande s'il avait à la base une structure de personnalité assez solide pour survivre à l'effondrement, s'en sortir grandi et plus fort, plus sûr de lui et de la vie.

Il pense aux courants modernes, l'accueil des émotions. Il a toujours été accueilli avec ses émotions, ce qui lui a valu de développer une capacité à accueillir à son tour celles des autres. Il pense à sa mère qui l'a élevé avec une ouverture sur le monde et les autres, et sur le monde intérieur... C'est probablement ça qui l'a poussé vers des études de psycho. Ou alors la volonté de comprendre cette maman joyeuse et pleine de vie, mais traversée parfois par de sombres humeurs, son regard bleu clair perdu dans le vague, dissimulant des choses dont elle ne voulait sans doute pas le charger.

C'est peut-être cette brèche explorée de la profondeur de la psyché qui l'avait poussé vers cette jeune femme qui n'aimait pas le thé... et qui, après 8 ans d'une relation si belle, si tendre, si pleine d'amour, avait choisi de le quitter. Pour un autre. « Tu comprends, je m'ennuie avec toi... On a fait le tour... Je t'aime beaucoup, comme un ami... Je n'ai plus envie de partager mon quotidien avec toi. Et je ne veux pas d'enfant, toi si. Tu es encore jeune, tu peux refaire ta vie. Trouve-toi une femme qui te mérite, Nathan... » Nathan aurait préféré qu'elle le largue violemment, salement. Il aurait préféré les trouver ensemble au lit, elle et l'autre, faire une scène tragique et claquer les portes, hurler, maudire, menacer... Il aurait préféré la violence franche à la violence sourde. Mais elle avait bien amené la chose. Il sentait bien depuis plusieurs mois que quelque chose avait changé. Il avait essayé de lui en parler, mais elle bottait en touche... puis elle avait d'un coup redoublé d'attentions bienveillantes envers lui. Elle l'avait accompagné, encouragé et soutenu dans sa préparation du marathon l'an dernier, l'avait massé longuement à l'arrivée. Longuement et gentiment. Il avait été surpris d'une telle présence, car ils n'avaient plus fait l'amour depuis quelques mois... et il avait cru à un petit retour de flamme... Mais quelques jours plus tard, le couperet allait tomber.

« Nathan, il faut qu'on parle, j'ai quelque chose de très difficile à te dire... »

17 h 58. La sonnerie du cabinet retentit et Nathan n'est pas prêt du tout. Ses yeux rougis par les larmes lui brûlent le haut du visage, une barre pesante lui ceint le front... mais il se lève et va accueillir sa patiente de 18 h.

20 h. Nathan raccompagne son dernier patient de la journée. Un jeune homme intelligent paralysé par des angoisses qui lui vrillent la tête, le corps, le ventre... Nathan lui a fait faire des

exercices de respiration, aujourd'hui. Cohérence cardiaque, visualisations… des outils concrets pour les prochains exercices pratiques. Cela lui a fait du bien de respirer avec son patient ; ça l'a posé. Nathan sent que ses émotions « circulent mieux », comme il a l'habitude de dire. « Est-ce que vos émotions circulent ? », demande-t-il souvent aux gens dans son cabinet.

21 h. Après une courte sortie pour le chien dans la pénombre, Nathan rentre au chaud et se prépare à dîner. Quand les asperges commencent à dégager leur odeur puissante à la cuisson, Nathan réalise qu'il n'avait pas remangé d'asperges depuis la rupture… Elle adorait les asperges et il lui en cuisinait souvent. Il en avait tout un stock au congélateur depuis des mois, qu'il n'arrivait pas à manger, car ce légume lui rappelait trop les goûts de celle qu'il avait aimée. La semaine dernière, en nettoyant un peu le coffre givré, il s'était décidé à le vider un peu de son contenu avant de continuer à faire des courses pas forcément très utiles. Hier, il avait sorti un sac d'asperges. Sans penser à elle. Nathan aimerait bien que ces moments où il ne fait pas systématiquement le lien avec elle soient plus nombreux.

Depuis la rupture, Nathan ne regarde que rarement la télévision, des séries ou des films.

Et surtout pas des films romantiques ! Il avait commencé une série… *Outlander*, mais… un personnage féminin récurrent lui rappelait celle qui l'avait quitté et qu'il aimait encore… et les trop nombreuses scènes sensuelles mettaient à mal son corps et son esprit. Le manque de tendresse. Le manque d'une caresse sur sa peau. Le manque de désir de l'autre. Le manque. Le vide. Le putain de vide. D'un geste balayant la gazinière, il envoie la casserole bouillante valser sur le sol. Il hurle. Le chien couché devant la porte de la cuisine bondit en gémissant d'un son aigu et part se réfugier sous la table du salon. Nathan ne sent pas la morsure de sa plaie brûlante sur l'avant-bras. Il hurle et l'odeur tenace des asperges lui donne des haut-le-cœur. Il hurle jusqu'au bout de son souffle, crachant un son éraillé sur la fin quand ses poumons semblent sortir par sa gorge encombrée d'un sanglot qui monte encore et encore jusqu'à ce qu'il le vomisse. Nathan s'effondre sur le carrelage maculé d'eau blanchâtre et odorante, encore tiède... et il sanglote en gémissant fort... comme un tout petit garçon, comme le tout petit garçon qu'il était et que sa mère consolait en lui disant : « Je suis là, laisse circuler, mon grand, ça va aller... Laisse aller. » Il laisse tout aller. Il inspire fort après chaque sanglot et la tête lui tourne. Ses mains fourmillent, la brûlure sur son avant-bras gauche devient lancinante, il pleure la brûlure, il gémit la rupture, il hurle à nouveau. Le vide, le manque d'elle, la solitude, il hurle tous ces moments où il a fait semblant d'aller mieux pour aller mieux sans réussir à aller mieux. Il hurle le mensonge de ses sourires lors des dîners quand il riait aux blagues des amis pendant qu'une partie de son esprit ne pensait qu'à son absence, à ce qu'elle était en train de faire, de vivre... avec l'Autre. Il hurle parce qu'il frappe le mur de sa propre absence.

22 h 20. « Vous ne vous êtes pas loupé... Il faudrait peut-être demander à votre femme de s'occuper de la cuisine pour quelque temps... » La docteure des urgences affiche un visage un peu crispé de fatigue qu'un sourire bienveillant contrebalance avec légèreté. Nathan la regarde avec un détachement dont il voudrait bien se débarrasser. Elle est vraiment jolie. Et gentille. Mais peu délicate... On sent que son toucher est aussi ferme que son caractère. Nathan trouve que sa voix moyennement grave lui donne un petit air autoritaire.

— Je suis célibataire.

— Ah... eh bien, peut-être aller au resto ou cuisiner au micro-ondes en attendant de cicatri...

— Vous voulez dîner avec moi demain soir ?

Stupeur muette. La docteure suspend son geste au-dessus de l'avant-bras de Nathan. Elle le fixe pendant une seconde, elle lui sourit... Nathan a profité de son état second, de la douleur qui l'ensuque pour laisser sortir sa proposition spontanément, sans réfléchir, sans peser, sans mesurer, sans chercher à obtenir...

— Demain soir, je travaille.

Au moins, il aura tenté...

— Mais jeudi soir, je suis libre.

Pierre, 39 ans, célibataire, cadre

« La technique du grand séducteur exige dans le passage d'un objet à un autre une facilité, une indifférence. »
Marguerite Yourcenar

6 h. Pierre allume son téléphone et vérifie ses messages. Rien. Il vérifie sa messagerie pro : 18 messages, dont 3 étiquetés comme « urgents » par l'expéditeur. Il vérifie s'il a reçu des visites ou des messages ou des coups de cœur sur le site de rencontre auquel il est inscrit. Pas de visite. Un message de Laura qui date de quelques jours : « Quand est-ce qu'on baise ? ». Il soupire. C'est dommage. Elle lui plaisait bien.

Ils avaient commencé un jeu raffiné de séduction et de montée en puissance du désir. Au premier rendez-vous, ils n'avaient fait que parler, mais il avait pu observer ses gestes, ses courbes, sa poitrine. Et ses yeux... et son sourire. Ils s'étaient revus il y a deux jours.

La belle avait un rendez-vous avec un autre prétendant, il lui avait proposé un jeu : « Je viens avant ton rendez-vous, je m'occupe un peu de toi juste pour te chauffer... puis tu vas à ton rendez-vous avec l'autre mec, tu l'allumes, tu le séduis, mais tu ne fais rien. Et on se retrouve après. » Laura avait adoré l'idée, disait-elle, et la soirée s'était déroulée telle qu'il l'avait prévue. Pierre adore avoir le contrôle. Et jouer. Ça a toujours bien marché pour lui. Trop bien, peut-être. Il avait aimé caresser Laura sans même l'avoir embrassée auparavant et introduire ses doigts sous sa culotte, titiller avec adresse une partie sensible de son anatomie interne et, la sentant monter vers la jouissance, retirer ses doigts et reculer de trois pas en la regardant. Elle jouait le jeu en se mordant les lèvres. Il n'était pas sûr de lui avoir plu au premier rendez-vous, aussi n'avait-il pas tenté le moindre geste vers elle. Leurs échanges sur le site l'avaient un peu convaincu qu'il avait sa chance avec elle et il avait embrayé avec son jeu habituel : quand je sais que je te plais, je t'informe que ma froideur apparente n'était qu'une stratégie pour te déstabiliser un peu avant de revenir vers toi...

Après une heure de caresses ponctuelles et toujours bien ciblées, il avait laissé Laura rejoindre l'autre homme. Il lui avait envoyé un message pendant son rendez-vous. « Tout se passe bien ? » Elle lui avait répondu : « Oui, mais je ne suis pas motivée, j'ai envie de te retrouver. » Alors, il avait patiemment attendu dans sa voiture qu'elle ait fini. Au bout d'une grosse heure, il l'avait vue revenir vers sa voiture. La caressant encore un peu, et lui faisant sentir son désir pour elle, il l'avait ensuite laissée en plan, prétextant l'inconfort de la voiture pour s'adonner à des plaisirs charnels et avait refusé un des hôtels glauques un peu plus loin sur la route. « Ça n'en sera que meilleur quand on se reverra. » Laura avait protesté, mais il avait tenu bon, après avoir failli flancher une ou deux fois. Il avait vraiment envie de la prendre, de la faire jouir et de remettre ça. À son message reçu tard le soir même « Quand est-ce qu'on baise ? », il avait répondu : « Jeudi, chez moi. » Jeudi, c'est aujourd'hui.

6 h 30. Douche et café. Pas le temps pour plus.

8 h. Assis à son bureau, Pierre accepte un rendez-vous le soir même pour une visite de maison. L'agent immobilier lui promet une belle surprise... à un prix qui correspond à ses critères... Il

déteste visiter des maisons, mais après tout, il faut bien en passer par là pour trouver la bonne ; avec les femmes, c'est plus compliqué. Et puis, s'il cherche un port d'attache entre quatre murs, a contrario, il ne cherche aucunement à se caser en couple.

Son collaborateur faisant une entrée fracassante dans son bureau le tire de ses réflexions existentielles :

— Pierre, faut se bouger le cul, le contrat va nous passer sous le nez ; il faut que tu rappelles Laurent et que tu prennes rendez-vous au plus vite pour leur faire démonstration de tes talents de management, leur équipe est à cran et leur patron va filer le contrat à l'autre connasse d'Emeline si on le prend pas rapido !!!

11 h 10. Le téléphone sonne. Enfin, Laurent M. rappelle Pierre, qui parvient à poser une date convenable pour tout le monde dans le but de leur démontrer que sans lui, ils n'y arriveront pas.

11 h 25. Il raccroche. Le contrat n'est pas encore signé, mais Pierre sait qu'il va gagner. Comme d'habitude.

13 h. Las de plonger dans ses dossiers en retard, Pierre prend une longue pause déjeuner. Le soleil de Mars est caressant et l'absence de vent et de nuages rend l'atmosphère printanière presque chaleureuse. Il déjeune sur une terrasse à Saumur. Il regarde les femmes qui passent, irrésistiblement attiré par les plus âgées que lui… pas tellement plus âgées, juste des nanas de 45 piges… mais qui le font bander avec leurs jupes et leurs talons.

14 h 30. L'après-midi sera occupée, Pierre ne verra pas le temps passer.

19 h. En claquant la portière de sa BMW, Pierre se sent d'un coup moins sûr de lui. Comme si, une fois parti du travail, une fois quitté les lieux où il peut exercer son pouvoir sur tout ce

qui bouge à force d'arguments posés et d'un sens de la répartie bien mené, il perdait 90 % de son aura de mâle.
Et en plus, il est en retard pour la visite.

21 h 30. Il claque la porte d'entrée de son petit appartement. Il a fait une offre pour la maison. Mais il se doute qu'elle ne sera pas acceptée. Il se fait réchauffer un plat infect au micro-ondes, ouvre quand même une bouteille de Bourgogne pour calmer son palais de gourmet entre deux bouchées insipides. Puis il lit rapidement les mails reçus dans l'après-midi pour le travail qu'il n'a pas eu le temps d'éplucher.

23 h. Il se connecte sur le site où il a fait la connaissance de quelques femmes récemment... dont Laura. On est jeudi soir, ils auraient dû se voir, mais Pierre n'a répondu à aucun des 3 messages de Laura :

14 h 28 : « Ça tient toujours pour ce soir ? Chez toi ? »
20 h 44 : « J'imagine que non. »
22 h 56 : « Bon, j'espère que tu t'amuses bien. À plus, ou pas. »

Pierre avait dit à Laura qu'il voulait la déstabiliser. Il trouvait ça excitant. En fait, excitant n'est pas le mot juste. Rassurant serait plus approprié. Laura semble savoir ce qu'elle veut et elle a confiance en son pouvoir de séduction, mais pas d'une manière tape-à-l'œil. Et ça le dérange. Parce que derrière une fragilité pastelle, cette femme-là dégage quelque chose de fort. La confiance. Elle n'est pas du genre à se mettre à douter d'elle-même à la moindre remarque, à la moindre réflexion. Pourtant, elle n'est ni jeune ni particulièrement belle. Elle est même grosse. Pas que ça le dérange, Pierre apprécie toutes sortes de corps féminins. Non, mais… quand même, avec un tel physique, elle ne devrait pas être si sûre d'elle, Laura… Elle devrait être plus fragile. Plus en demande. Plus quémandeuse. Mais elle a plusieurs autres amants. Et malgré ses expériences assez nombreuses où il se fit dire qu'il était bon amant, Pierre craint de sauter le pas et de ne lui offrir qu'une prestation médiocre en regard de ses autres aventures. Alors il ne répond pas. Il va aller se coucher. Pendant qu'il se brosse les dents, il regarde son visage qui n'est « pas celui d'un beau gosse », comme il dit… Ses yeux exorbités, son long menton, sa lèvre inférieure trop tombante. Lui reviennent en mémoire des moqueries vieilles de 30 ans, des moqueries de gamins, cruelles et inutiles. Lui reviennent sous les yeux les petits couples du collège, du lycée, pendant que lui ne pensait qu'au brevet ou au bac, travaillant dur, désespérant chaque matin en contemplant son long visage boutonneux, ses épaules maigres… Il pense à ses premières fois, à ses mains aux longs doigts qui tremblaient tellement, il pense à ses quelques relations longues, au manque et aux regrets… Dans un mouvement plus nerveux qui fait saigner ses gencives à force de frotter, il essaie de penser aux maîtresses qu'il a eues et qui ont voulu de lui avec ferveur et enthousiasme, mais il se souvient aussi des râteaux lamentables qu'il s'est pris dans la vingtaine. Il crache la mousse teintée de sang dans le lavabo. Il ne répondra pas à Laura.

Geoffroy, 43 ans, chômeur

« *Il faut une âme forte et riche pour résister au découragement qui naît de la déception.* »

George Sand

9 h 30. Geoffroy émerge d'un sommeil blanc, peu réparateur. Il guette avec attention les bruits dans la maison. Il entend l'absence de bruit. Laurence est déjà partie, elle a dû déposer Emilie au collège.

Personne n'a besoin de lui, il pourrait se rendormir. Mais quelques pensées pas très agréables tournent en boucle dans sa tête. Il sait qu'il doit éviter la rumination, alors il se lève et va prendre une douche. Il est relativement motivé, ce matin. Ce n'est pas le cas tous les jours. Certains matins, c'est plutôt « à quoi bon ? », mais il veut éviter de sombrer ; la dépression, c'est pas son truc. Il est solide. Qui aurait tenu bon après 5 ans de chômage ? Il n'est pas fier de lui, mais il a confiance en sa force. Il tient bon. Il ne s'effondre pas, se décourage parfois, mais se relève, et est toujours de bonne humeur quand sa femme rentre du travail, prêt à lui préparer un petit plat, accueille leur fille avec amour, s'occupe d'elle comme il le peut encore, parce qu'à 14 ans, Emilie a tendance à s'éloigner. « Tu veux que je t'aide avec tes devoirs ? » « Mais papa, ça va, je suis grande, je peux les faire toute seule, maintenant, et puis regarde, l'autre jour, tu étais largué en maths, hein... » En maths, oui, mais pas en français ni en histoire-géo. Geoffroy était bon dans ces matières jusqu'au bac. L'eau devient froide. Le chauffe-eau est déjà vide. Après les trois petites douches du matin ?? Soit il y a un problème, soit ils n'ont pas choisi le bon modèle quand le plombier est venu leur enlever le vieux chauffe-eau pour en installer un neuf il y a deux jours. Il ferme l'eau et se sèche en grelottant.

10 h. Devant sa tasse de thé, il écoute la radio, les infos… les gilets jaunes, la réforme des retraites… Il se sent un peu hors du monde avec tout ça… Enfin, à cause du chômage. 5 ans, putain, c'est long. 5 ans qu'il postule, qu'il démarche, qu'il insiste et qu'il espère. 5 ans qu'il se fait fermer les portes ou dérouler des tapis rouges, avant d'être convoqué pour un ultime entretien : « Vous n'êtes plus que trois, nous voulons vous rencontrer pour poser notre choix final sur le meilleur candidat… » Cela lui est arrivé trois fois. Il était dans le top 3. Il n'a pas été pris. L'année dernière, enfin, la lueur d'espoir. Un boulot de gestionnaire, pas tellement son dada et un salaire minimum, mais toujours mieux que l'errance, que les journées passées seul à la maison, toujours mieux que les discussions chez les amis « Alors, Geoffroy, t'as eu des contacts pour du boulot, récemment ? »… avant de retomber dans le silence d'un embarras poli quand il expliquait que non. Alors ce job-là de l'an passé, même si loin d'être idéal, l'avait réjoui. À peine quatre jours avant qu'il ne réalise que le gestionnaire précédent avait eu raison de claquer la porte, car le boulot était ingérable et le siège n'entendait aucune des demandes faites par son service, ignorant la détresse de la situation et surtout la détresse de ses employés. Geoffroy avait appelé Laurence.

— Chérie, c'est impossible, je ne peux pas rester.

— Mais tu n'as fait que quatre jours !!! Tu ne veux pas essayer une semaine ou deux ?

Alors, Geoffroy avait tenu douze jours de plus. Il passait ses journées à essayer de joindre des responsables qui se renvoyaient la balle quand il parvenait à leur parler. Pire qu'un litige avec son fournisseur Internet. Au bout de douze jours, il avait rappelé le recruteur.

— Je suis désolé, mais je ne pourrai pas continuer. La situation est juste… ingérable, Monsieur.

Le recruteur avait soupiré.

— Je sais…

Laurence avait compris, mais elle avait montré un agacement profond face à la situation ; elle avait soupiré d'un air exaspéré avant de pouvoir prononcer quelques paroles apaisantes quand même :

— Ce n'est pas contre toi, chéri, je sais que tu veux bosser et que tu fais ton maximum… mais 4 ans, c'est très long, j'avais espoir et… bref, c'est pas ta faute, tu as bien fait de dire non, à l'impossible nul n'est tenu.

Dans les mois qui suivirent, Geoffroy avait trouvé Laurence irascible, impatiente, stressée, tendue…

Il ne savait pas quoi faire, ne sachant sur quel pied danser.

Puis elle s'était calmée. Mais elle avait beaucoup de travail et rentrait tard, parfois.

11 h 10. Geoffroy sursaute quand son téléphone sonne. C'est Laurence, justement.

— Chéri, je te laisse t'occuper d'Emilie ce soir, n'oublie pas de l'emmener au conservatoire.

— Mais on n'est pas jeudi ?

— Non, mais tu sais, elle a des répétitions pour le petit concert dans deux semaines…

— Ah oui, c'est vrai ! Et tu rentres vers quelle heure, toi ?

— Je ne sais pas. J'ai une réunion qui risque de se prolonger, et après, j'aimerais bien aller boire un verre avec Myriam avant de rentrer, alors ne m'attendez pas pour dîner, aussi bien on finira dans un troquet devant une pizza…

— OK OK, pas de souci. Amusez-vous bien, à ce soir.
— Bisous, à ce soir.
Des banalités qui remplissent sa vie.

12 h. Geoffroy n'a pas faim ; il se refait du café. Puis s'installe devant son ordinateur pour éplucher les deux nouvelles annonces qui pourraient lui correspondre sur Pôle emploi.

13 h. Après avoir envoyé un CV et une lettre de motivation aussi anémique que mal écrite, Geoffroy a faim. Il se prépare un plateau-repas et s'installe devant un vieux film. *Le chat* avec Gabin, qu'il aime bien parce qu'il lui rappelle son grand-père disparu. Un vieux bougon souffrant et malheureux, mais dont les sorties plutôt acerbes le faisaient bien marrer. Il a ouvert une bouteille de blanc et il boit sans s'en rendre compte. Un peu avant la fin du film, Geoffroy est bourré. Il ne tient pas l'alcool... Il est 15 h, il lui reste 2 h pour dessouler avant d'aller chercher Emilie.

16 h 55. Geoffroy s'était endormi, il plonge dans sa voiture, en retard pour aller chercher Emilie au collège.

17 h 10. Arrivée au conservatoire sous l'œil inquisiteur de la dame de l'accueil, qui connaît bien Emilie et qui sait que la répétition du concert du groupe C commençait à 17 h pile. Geoffroy n'aime pas cette femme. Lors de l'inscription de sa fille au conservatoire il y a 3 ans, il se souvient de son ton revêche et cassant quand il avait demandé s'il était possible de mettre Emilie dans le cours de solfège du mardi soir. « Éducation musicale, Monsieur, on dit "éducation musicale", nous n'employons plus le mot "solfège" ». Geoffroy s'était alors retenu de lui répondre avec insolence, ce jour-là n'avait pas été une belle journée...

Trois ans déjà, et il cherchait déjà du travail, et il était découragé d'avoir reçu son énième refus…

17 h 12. Geoffroy patiente dans le couloir, puisqu'il n'aura pas le temps de retourner à la maison et qu'il n'a pas de courses à faire ni d'ami à appeler. Les amis… Il n'avait pas réalisé à quel point il parlait boulot avec les copains avant d'être licencié et avant que le chômage s'installe sur le long terme. Il essaye de reconnaître le morceau travaillé par les élèves en répétition générale… N'y arrive pas. Il pense à appeler Laurence, mais se souvient qu'elle doit être en réunion à l'heure qu'il est et non sur le chemin du retour. Il pense à Laurence avec tendresse. Elle est si belle quand elle met son tailleur bordeaux… et les chaussures qu'ils avaient achetées ensemble en Italie il y a six ans. Putain de bonnes chaussures !!! Leur dernier voyage en amoureux avant que leurs finances ne soient plombées par le chômage. Et aujourd'hui, ils devaient se contenter de son salaire à elle. Les vacances se passaient donc doublement en famille : avec Emilie à chaque fois (finies les escapades en amoureux, même pour un week-end, trop cher) et chez les parents de Laurence dans leur maison de La Rochelle. Il entend un gros « couac » de trombone à coulisse et les explosions de rires des jeunes derrière la porte close. La voix tonnante du professeur qui ne l'a pas trouvée drôle.

17 h 14. Geoffroy joue sur son téléphone pour faire passer le temps. Mais ses pensées n'arrêtent pas d'éclore comme autant de petits bourgeons sur un arbre au printemps… Tous ces refus, toutes ces opportunités de boulots ratées, tous ces entretiens et les « on vous rappellera », la moue de certains recruteurs en lisant sa date de naissance sur le CV. Il avait ensuite effacé sa date, sur le conseil de l'agent Pôle emploi chargé de son suivi, mais alors, c'était pire. Quand le recruteur, lors de l'entretien, lui demandait

son âge, le « 38 » sortait comme un mauvais numéro à la loterie. Le numéro qui fait tout foirer. Et l'année d'après, le numéro maudit était « 39 », et ainsi de suite jusqu'au numéro 42. Depuis la perte de son emploi, Geoffroy n'avait plus voulu fêter ses anniversaires. Il voyait l'âge comme une pénalité imposée sur son CV, dans sa vie, sur son estime de lui-même. Il savait qu'en d'autres circonstances, s'il avait gardé son job, les années s'accumulant auraient été synonyme d'avancement, de responsabilités et autre hausse de salaire. Là, oui, il aurait fêté ses putains de 40 ans ! Même s'il ne bandait plus aussi souvent ni aussi longtemps qu'avant. Même si l'intimité avec Laurence avait été tout aussi troublée… Du moment qu'il aurait eu un boulot, tout pouvait s'arranger. Il pense à la dernière fois qu'ils ont fait l'amour. Il la sentait absente. Peu réactive. Rêveuse, même. De toute façon, il l'avait fait plus par devoir conjugal, par souci de norme sur la fréquence obligatoire d'un couple marié depuis 15 ans que par envie réelle. Depuis au moins trois ans, Geoffroy n'a plus vraiment d'envies. Il garde son sens de l'humour qu'il utilise pour sa fille, mais il ne fait plus rire Laurence. Quant aux copains…

17 h 48. Des talons de chaussures féminines claquent sur le parquet, la maman un peu en avance d'un autre jeune en répétition, probablement. Elle s'assoit en face de Geoffroy et semble le scruter pendant de longues secondes, mais Geoffroy n'en est pas sûr. Pourtant, il sent son regard. Il lève le sien et leurs yeux se rencontrent. Geoffroy a un haut-le-cœur immédiat. C'est bien elle. L'ex-employée devenue superviseure, Charlotte, celle qui l'avait dénoncé au travail pour avoir trafiqué l'emploi du temps et donné un nombre d'heures illégal. Geoffroy se souvient de l'enchaînement des événements : son directeur qui le somme de trouver une solution pour caser le personnel adéquatement en fonction des besoins, les heures « en trop » dont « on

n'a rien à foutre, faut que ça roule », la proposition d'emploi du temps de Geoffroy que son patron avait accepté oralement. L'employée en question qui avait subtilisé la copie de l'emploi du temps et avait déposé plainte au niveau régional. Deux jours plus tard, Geoffroy était convoqué par le grand patron. Parce que ce n'était pas la première irrégularité dans le planning. Et parce que son directeur avait joué plus finement que lui, arborant un air narquois, faussement contrit, expliquant qu'il « faisait confiance à Monsieur F. et que jamais il ne l'aurait cru capable de manipuler les heures octroyées de la sorte ». Geoffroy n'en croyait pas ses oreilles : il ne faisait qu'obéir aux ordres de ce directeur dictateur, sans faire de vagues, espérant faire un jour les choses autrement quand il aurait achevé sa formation pour prendre la suite de ce gros abruti incompétent : « Tu prendras mon relais, Geoffroy ; moi, j'ai qu'une hâte, c'est de me casser de cette ville de merde. »

Charlotte le regarde. Elle ose soutenir son regard. Geoffroy a envie de se jeter sur elle ; d'un coup, il sent une bouffée de rage s'emparer de sa poitrine et lui monter à la tête. Il se voit se ruer sur elle, empoigner son cou et serrer fort d'une main tandis que de l'autre, il la frappe au visage. Son rythme cardiaque s'emballe, une sueur acide coule dans son dos. Ses yeux se remplissent de larmes. Et, assis sur sa chaise, face à celle par qui arriva son drame professionnel et personnel, il sent qu'il va non pas la tuer, mais se mettre à chialer comme un môme. Un brouhaha s'élève derrière la porte. Les élèves rangent leurs instruments, ça papote et ça se bouscule, les chaises grincent au sol. Geoffroy fixe toujours Charlotte droit dans les yeux, elle ne cille pas. Il sent que plusieurs larmes de rage, de désespoir et d'impuissance ont roulé sur ses joues. Il n'a rien pu faire pour les empêcher de couler. L'orage dans sa poitrine s'est mû en une sorte de nausée lancinante. Le sang qui battait fort dans ses oreilles semble avoir déserté sa tête tout entière. Quand Emilie se jette à son cou, il essuie son visage d'un geste rapide, prend la main de sa fille, part avec elle dans le couloir et se retourne pour jeter un dernier souffle d'amertume à la gueule de cette Charlotte. Et il lui semble apercevoir dans ses petits yeux enfoncés et noirs comme du charbon un semblant de tristesse, du remords peut-être, de la compassion, pourquoi pas ? Il lui souhaite de crever de culpabilité et de se faire licencier elle aussi un jour, pour voir ce que ça fait, de se retrouver au chômage à 38 ans.

19 h. Emilie finit ses devoirs en bâillant. Geoffroy lui a préparé un gratin de pâtes.

20 h. En faisant la vaisselle, il pense à Charlotte et se dit qu'il aurait dû lui parler... mais pour lui dire quoi ? A-t-elle perçu la rage et le désespoir dans ses yeux tandis qu'ils se fixaient ? Il réalise qu'il n'a pas « lu » dans son regard à elle pendant qu'une vague violente déferlait dans son corps et son esprit... Qu'aurait-il vu s'il l'avait fait ? Il lâche l'assiette qu'il essuyait. Le bruit agressant de la faïence qui explose par terre le tire instantanément de sa rumination. Emilie lance un « Faites chauffer la colle ! » joyeux et moqueur.
— Oh eh, dis donc, toi ! Ça va, hein ! Je m'entraîne au jonglage et j'en étais à six assiettes en même temps, alors tu fermes ta boîte à camembert !
— Six ???
Emilie apparaît dans l'encadrement de la porte, regarde d'un air dubitatif son père en train de ramasser les morceaux épars... Elle sourit et retourne faire son sac pour le lendemain...

21 h 30. Emilie feuillette une BD dans son lit. Geoffroy vient l'embrasser et lui souhaiter bonne nuit. Il aurait presque envie de devoir lui lire une histoire ce soir, comme quand elle avait 5 ans.

22 h 15. Geoffroy n'arrive pas à se concentrer sur la série qu'il a commencée il y a quelques semaines. Il s'inquiète un peu pour Laurence, quand même… espérant qu'elle ne va pas tarder, car demain, elle devra se lever tôt, elle.

23 h 30. Laurence se penche sur lui :
— Tu t'es endormi dans le sofa.
Et Geoffroy perçoit une petite odeur de cigarette qui provient de sa femme… Il prononce d'une diction empâtée par le sommeil :
— Tu as fumé ?
— Non, pas du tout…
Et pourtant… il a senti quelque chose. Une odeur vague de tabac. Il s'extirpe du sofa et, passant derrière elle, il la perçoit sur son chemisier, cette odeur de cigarette. Myriam ne fume pas. Laurence a arrêté il y a plus de 10 ans, pendant sa grossesse. Et là, il perçoit une odeur de tabac… et de cuir… un doux mélange pas désagréable, mais totalement incongru.

0 h 10. Enroulé dans sa couette, il entend Laurence prendre une douche. Il trouve qu'elle dure longtemps, cette douche. Il ne sait pas s'il arrivera à dormir… Pourtant, quand Laurence vient se coucher, il se réveille ; il était parti quelques minutes au pays du sommeil…
— Ça a été votre soirée ?
— Oui oui, sympa.

— Mais ça vient d'où cette odeur de tabac que j'ai sentie tout à l'heure ?
— J'ai pas fumé, je te dis.
— Mais je l'ai sentie...
— Oh, écoute, Geoffroy !! Tu m'agaces à la fin ! Bonne nuit.

Laurence se tourne et éteint la lampe de chevet.

Dans l'obscurité, Geoffroy sent un frisson lui parcourir l'échine. Il a déjà senti cette odeur sur Laurence plusieurs fois, ces derniers mois. La dernière fois, elle était partie au cinéma avec des copines du boulot qu'il ne connaît pas. La fois d'avant, elle revenait d'une expo de peinture dans une ville à 50 km de chez eux. La première fois, c'était quand elle revenait d'un cours de dessin particulier... où elle n'est jamais retournée, car la technique ne lui plaisait pas, disait-elle.

Âme seule

Franz a rencontré Maria quand ils avaient 18 ans. Le coup de foudre absolu, l'évidence même. Franz est un sanguin, et quand un autre garçon sembla en même temps que lui démontrer un intérêt certain pour la jolie Maria, il se fit à proprement parler casser la figure. Franz ne rigolait pas avec ça.

Dans la campagne néerlandaise des années 60, les jeunes amoureux s'offraient des randonnées à vélo, agrémentées de petits câlins frémissants. Ils allaient chez les parents de l'un ou de l'autre, les présentations aux familles respectives ayant été rapides et leur fréquentation mutuelle approuvée. Chez leurs cousins, ils ne faisaient pas chambre à part et leurs ébats nocturnes leur valaient bien des taquineries au petit-déjeuner. Ils étaient jeunes, beaux, ils respiraient la joie de vivre et l'amour.

Maria avait commencé sa formation médicale et Franz était étudiant en mathématiques. Elle allait devenir infirmière et lui prof de maths. Elle était solaire, il était lunaire. Le jour et la nuit semblaient former un couple que rien ni personne ne pourrait détruire, jamais. Pas même la maladie de Hodgkin qu'on venait de diagnostiquer à Maria. Elle avait 24 ans et un traitement d'attaque fut mis en place. Elle était très fatiguée, mais sa joie de vivre ne fut pas amputée. Elle perdit beaucoup de cheveux, mais disait toujours : « *Ça repoussera.* » Lors d'un repas de baptême durant lequel des convives avinés ont cru bon de laver leur linge sale devant témoins, Maria monta sur la table et entama en claquant des mains : « *Oh when the saints, oh when the saints go marching in* » qui emporta rapidement sa tablée pour finir par contaminer une assemblée réchauffée par l'ardeur de la jeune femme. Elle fut contente que le gros foulard qui cachait sa chevelure clairsemée ne soit pas tombé malgré ses mouvements brusques et enthousiastes. Tout le monde dans la famille se souvint longtemps du repas de baptême où Maria réussit à sauver l'ambiance avec sa chanson et son culot joyeux.

Maria faisait partie de ces gens qui ont un don pour la joie, l'humour, les rigolades inattendues.

Franz souriait de tout son cœur. Il l'aimait totalement.

Leur mariage fut célébré à l'église de Breda au mois d'août 1965.

Leur premier enfant, un garçon nommé Marten, vit le jour presque trois mois avant terme. Sans doute à cause des traitements, dit le médecin. Marten s'en tira tout de même plutôt bien, avec cependant une surdité marquée à l'oreille droite.

Après la naissance, Maria reprit des forces et les traitements semblèrent avoir fait un excellent effet.

Un an et demi plus tard, elle parla d'un second enfant. Son médecin le lui déconseilla, craignant pour sa santé. Mais personne n'empêcherait Franz et Maria de fonder leur famille.

Un second petit garçon vit le jour, à terme celui-là, deux ans après son frère. On le prénomma Joren.

Maria se remit très bien et l'espoir d'une rémission commença à poindre sérieusement.

Le jeune couple de jeunes parents souriait à la vie. Maria et Franz entamèrent leur vie d'adultes avec espoir et légèreté malgré la maladie menaçante.

Année 1969 : Maria aime la vie, elle aime son mari, elle aime ses fils. L'amour peut tout. Elle en a vu d'autres, Maria ; quand sa maman à elle est morte, elle n'avait que 16 ans. La battante Maria entend bien vivre une vie pleine et riche, et pas courte, surtout pas courte.

Franz a commencé à enseigner, il achète une maison et une voiture.
Commencent les virées en deux chevaux à travers le pays, avec leurs deux petits garçons à l'arrière.

C'est pendant l'une de ces virées, où les parents amoureux chantent à tue-tête à l'avant tandis que les garçons à l'arrière ouvrent des yeux grands comme des soucoupes pour gober le monde entier, que le premier incident grave se produit. Maria se met à tousser et s'étouffe. Franz arrête la voiture sur le bas-côté, ouvre la portière et fait sortir sa femme au grand air. Elle crache un filet de sang, puis un autre, et finit par reprendre son souffle. Elle pose alors un regard indéfinissable droit devant elle, avant de fixer Franz. Franz sent son cœur s'arrêter, il fait remonter sa femme en voiture et démarre, rebrousse chemin pour retourner dans leur ville, à l'hôpital, vite, aussi vite que le moteur de la petite voiture le permet.

La semaine d'examens à l'hôpital ne permet aucun doute : le diagnostic de cancer des poumons tombe comme un couperet. Marten a 5 ans, Joren en a 3.

Maria ne le sait pas encore, parce qu'elle espère tellement fort... mais il ne lui reste que deux ans à vivre. Elle ne réalisera l'inévitable et la cruauté dont la vie est parfois capable que huit mois avant sa mort. Terrassée par une chimio massive, épuisée par les allers-retours entre la maison et l'hôpital, elle sent la vie la quitter peu à peu. Elle regarde ses fils et leur sourit. Elle est malgré tout heureuse d'avoir pu les aimer quelques années.

Franz se lève avec colère et part en claquant la porte. Il n'a pas supporté ce que sa femme vient de lui dire. Étendue sur leur grand lit, si pâle que les draps blancs semblent la camoufler, Maria a demandé à son mari de lui promettre qu'il retrouvera une mère pour leurs fils. Ils ont besoin d'une mère... mais Franz ne l'a pas laissé finir.

Quelques mois plus tard pourtant, Franz parviendra à lui promettre l'impossible : refaire sa vie avec une femme rapidement quand Maria ne sera plus là, pour que leurs garçons aient une mère.

Quatre mois avant de mourir à l'hôpital qu'elle ne quitte plus, ayant besoin de soins intensifs, Maria demande à Franz de ne plus lui amener leurs fils dans la chambre. Elle ne veut pas que Marten, 7 ans, et Joren, 5 ans, voient leur maman chauve, amaigrie, blafarde. Elle ne veut pas que ses fils entendent sa voix étouffée, une voix si chuchotante qu'elle pourrait leur faire peur. Elle veut que ses fils gardent une image plus joyeuse de leur maman éphémère... Alors, Franz conduit les petits garçons au bas du grand bâtiment, les fait jouer sur le béton, et du 4ᵉ étage, Maria les contemple par la fenêtre. Personne ne pourra dire ce qu'elle a ressenti, combien de larmes elle a versées, si elle a gémi, pleuré, hurlé dans un souffle inaudible. Maria est pudique. Les garçons ne comprennent pas pourquoi leur papa les fait jouer au foot sur le parking de l'hôpital... mais leur papa a un regard si dur, si triste, qu'ils essaient de lui obéir. Même si leur maman leur manque.

Maria s'éteint un matin de novembre 1973 ; la morphine étant fortement dosée, elle ne souffre pas, elle gémit une phrase,

« Maman, maman, j'arrive… », et ferme à tout jamais ses beaux yeux. Elle venait d'avoir 30 ans.

* * *

Un an et demi plus tard, Franz épouse Annie, une femme de son âge, jeune trentenaire, qui se prend d'affection pour Marten et Joren et leur donnera l'affection dont les femmes ont le secret, quand elles sont capables d'aimer comme les leurs des enfants qu'elles n'ont pas mis au monde.

Un dessin d'école de Joren représente sa famille recomposée, il y écrit les noms : « Papa, Marten, Joren, Annie. » Plus jamais il ne pourra écrire « Maman » sur un dessin.

Franz passe beaucoup de temps au travail. Rester vivant, pour ses fils, payer les traites de la maison, seul, car Annie ne travaille pas, ou plutôt elle fait un travail remarquable : elle participe à l'éducation des petits. On ne peut pas demander à un homme qui souffre en permanence de supporter la douleur sans aide. Les psychologues ne sont pas encore à la mode, Franz vient d'une famille d'agriculteurs, les psys, c'est pour les fous, il n'est pas fou, il a juste horriblement mal en permanence. L'alcool l'aide à anesthésier par petites touches l'insupportable absence. Mais l'alcool transforme la tristesse en violence, et un jour, il lève la main sur cette femme qui n'est pas la sienne. Il ne veut plus la voir. Qu'elle parte, bon sang ! Qu'elle parte ! Qu'on lui redonne Maria ! Il ne veut qu'elle, il ne peut aimer qu'elle ! Maria ! Son désespoir le rend fou un court instant. Trop tard. Annie est partie.

Marten et Joren ont perdu une seconde mère, mais ils parviendront à s'attacher à la troisième. Qui partira elle aussi, après avoir subi à son tour les affres d'un caractère emporté par la douleur. Ce jour-là, Joren se promet de ne plus s'attacher à aucune maman de sa vie.

* * *

Franz vit quelques années plutôt paisibles avec ses deux fils qui sont maintenant adolescents. Ils ont 14 et 12 ans. Les garçons sont débrouillards. Marten poursuit sa scolarité dans un institut pour malentendants, Joren suit bien à l'école. Le week-end, il va à l'église. Avec des amis à lui, qui ont une famille « normale » : un papa et une maman. Joren a tellement honte quand il doit expliquer qu'il n'a pas de maman… tellement honte. L'ambiance chez lui est souvent tendue : Franz crie quand il y a trop de bruit, crie quand la vaisselle n'est pas faite assez vite… Pour ne pas embêter leur père, les garçons s'abîment les pieds dans des chaussures trop petites, parce qu'ils voient bien que les fins de mois sont très difficiles, qu'on manque d'argent. Franz a ouvert une école avec un ami à lui, et le projet démarre lentement. Les garçons ont tout le temps faim, ils grandissent vite… Leur père râle sur les courses dévalisées, sur la moitié des sachets dévorés en un seul goûter.

Joren aime prendre parfois le goûter chez ses amis qui ont des mamans. Ses souvenirs de la sienne sont de plus en plus flous. Maria n'a rien voulu laisser à ses fils. Ni lettre, ni objet, ni vêtement. Rien du tout. Elle pensait bien faire en laissant ce vide-là, laisser sa place entière, ne pouvant deviner les ravages du vide par-dessus la mort, un vide pire encore que son absence. Et Franz n'évoque jamais Maria devant ses fils. La douleur est trop grande, son intensité n'a pas diminué, il a juste appris à vivre avec. Chacun fait ce qu'il peut. S'il se met à y penser, il lui semble qu'il va devenir fou, qu'il pourrait pleurer jusqu'à la fin des temps. Il faut se lever, chaque matin, aller travailler, nourrir ses fils, leur apporter confort et sécurité, tenir sa promesse faite à la femme de sa vie : élever leurs garçons. Mais les yeux de Joren sont ceux de Maria. C'est trop difficile pour Franz de le regarder. Il l'aime, mais rarement à moins d'1m50.

Les deux frères sont débrouillards, livrés à eux même quand leur père travaille tard. Leur père n'exige pas de résultats scolaires hors normes. Qu'ils aient la moyenne, c'est tout.

Les garçons apprennent à gérer un budget très serré et doivent gagner leur argent de poche. Ils se lèvent à 5 h du matin pour distribuer des journaux, ramassent des fraises… À 14 ans, Joren peut s'acheter un vélo avec les sous durement gagnés. Vélo que son père n'a pas les moyens de lui offrir. Vélo qui sera malheureusement volé quelques semaines plus tard. Dommage, le jeune garçon sait déjà la valeur du travail, la réalité s'est posée sur lui avec rudesse, mais c'est la vie.

Les mois passent, puis un an, deux ans… l'adolescence, les premiers flirts, les virées à vélo, les bêtises, les carreaux cassés avec le ballon qu'un voisin complaisant vient réparer vite vite avant le retour de Franz pour éviter aux garçons le savon du siècle…

Un jour, les garçons remarquent que leur père prend un peu plus soin de son apparence : il porte des costumes, taille sa barbe noire avec un soin particulier. Ils sourient, mais n'en parlent pas. Au fil des semaines, ils le trouvent un peu moins sombre. Il boit moins. Son humeur est moins piquante.

Il vient d'avoir 40 ans, c'est un bel homme, établi, avec une situation. Son école marche bien.

Il leur présente Karina. Elle n'a que 24 ans, soit six ans de plus que Marten, huit de plus que Joren. Ce dernier lui dit de facto : « Ne crois surtout pas que je te considérerai un jour comme ma mère ! » Bienvenue dans la famille, Karina ! C'est vrai qu'elle a plutôt l'âge d'être leur grande sœur. Mais bon. Elle laisse le temps faire son office, laisse passer les mois… Elle s'occupe bien de la maison, ramène un peu de vie grâce aux décorations raffinées, soigne la table, redonne aux fêtes de fin d'année le côté féérique que les garçons ont trop peu connu jusqu'alors.

Les garçons sont plutôt contents quand Franz épouse Karina. Ils sont grands, mais apprécient le foyer qui a désormais tout d'un foyer « normal ».

Karina aimerait bien avoir un enfant, mais Franz finit par lui avouer qu'il refuse d'avoir d'autres enfants, qu'il aurait l'impression de trahir la mémoire de sa femme. Karina est jeune, mais elle consent ce sacrifice à l'homme qu'elle aime. Et elle s'occupe des grands ados comme elle pense qu'elle aurait pu le faire plus tard… si elle avait eu des enfants, s'ils avaient grandi et étaient devenus de beaux jeunes hommes comme Marten et Joren. Bien des années plus tard, la femme de Joren, ayant rencontré Karina, dira à son mari : « Tout ce qu'il y a de bon en toi, c'est Karina qui te l'a transmis. » Paroles tendres, mais sans équivoque : pour la jeune femme, qui connaît l'histoire de Joren, il ne doit rien de bon à Franz. Paroles peu réfléchies d'une jeune femme qui n'a jamais connu le deuil d'un amour si fort qu'une partie de soi meurt quand il disparaît. Paroles jugeantes vis-à-vis de Franz qui n'était plus vraiment lui-même depuis bien longtemps.

La présence de Karina permet d'apaiser les nombreuses tensions qui éclatent souvent entre Franz et ses fils. Surtout avec Joren, qui est plus caractériel, bien moins docile que Marten. Marten fait le con à vélo, il se casse le nez, se bagarre, mais Joren ne se défoule pas tant à l'extérieur : il tient tête, traite son père de con – par derrière, bien entendu, on n'insulte pas un géant de deux mètres qui a la main leste et le caractère ronchon. Joren claque les portes, part de la maison, se révolte et maudit son père.

Les deux garçons quittent la maison dès qu'ils le peuvent. Leur père peut leur payer des études. Marten reste en ville, y rencontrera sa femme, s'y installera dans une belle maison et aura deux enfants. Joren part à l'étranger et il ne reviendra jamais aux Pays-Bas, sauf par deux fois : la première quand Karina et Franz se séparent. Au bout de 15 ans de mariage, quelque chose a dérapé. Nul ne saura jamais quoi ni comment. Personne ne saura ce qu'il s'est passé. Mais Karina est partie vite, emportant un minimum d'affaires. Une fuite. Elle s'est réfugiée chez le frère de Franz. De ce fait, Franz ne reparlera plus jamais à son frère. Le divorce est prononcé. Marten a 32 ans, mais il nage en plein bonheur, amoureux de sa femme, investi dans son travail d'ingénieur. Joren a 30 ans, il habite loin, à Paris, mais il est davantage affecté par la nouvelle, et surtout par la violence de la séparation subite, dont Karina n'a rien voulu lui dire. Joren a commencé des démarches pour immigrer au Canada, et avant de partir de l'autre côté de l'Atlantique, il revient auprès de son père pour passer quelques semaines. Et c'est ce fils de 30 ans qui apprend à son père comment faire les courses, se préparer des repas à peu près équilibrés, gérer le linge et les tâches ménagères pour lesquelles un employé de maison viendra aider. Franz a 55 ans, il est seul, et c'est son fils de 30 ans qui lui apprend la vie quotidienne dans la solitude. Une fois son fils reparti, alourdi de non-dits sur la séparation avec Karina, dont Franz ne veut même pas prononcer le nom, l'homme vieillissant se retourne sur son passé, quelque temps, reprend une consommation d'alcool plus soutenue pour ne plus avoir à se retourner et continue à travailler. Ses petits-enfants, le fils et la fille de Marten, le feront sourire quelques années plus tard.

La seconde fois où Joren revient aux Pays-Bas, c'est pour accompagner son père dans les dernières semaines de sa vie. Depuis quelques mois, Franz souffrait de troubles intestinaux marqués, de douleurs, d'essoufflements. N'ayant jamais tenu les médecins en haute estime, ces incompétents qui n'avaient pas pu sauver Maria, il ne consultait jamais. Trente ans de cigares et d'alcool avaient eu raison de lui. Franz a 62 ans quand on lui diagnostique un cancer des poumons. Il est à la retraite depuis un an. Il est allé au Canada rencontrer son petit-fils. Pendant cette visite, Joren et sa jeune femme avaient eu une dispute. Franz avait dit à sa belle-fille que lui et Maria ne s'étaient jamais, jamais disputés, pas une seule fois. La femme de Joren avait ravalé sa contrariété face au manque de tact de son beau-père et elle encouragea Joren à aller s'occuper de son père à l'annonce du diagnostic. Joren ayant repris ses études, il est disponible en ce mois de juin et dispose de deux mois de liberté.

C'est un père amaigri au teint grisâtre que Joren retrouve dans cette maison où il a grandi sans sa mère.

Pendant des semaines, Joren s'occupe de la maison. Franz a refusé toute chimio. Le médecin lui a expliqué qu'un traitement le prolongerait de quelques mois, mais que le stade avancé du cancer ne laissait place à aucun doute quant à l'issue de la maladie.

Dans la maison de son enfance, le fils prend soin du père, ose le remettre à sa place quand il pousse trop loin ses humeurs agressives, lui tient la main et pleure avec lui quand son père parle de sa peur de la mort. Les soins à domicile deviennent plus fréquents et Franz ne collabore pas. Joren doit se fâcher et le menacer de l'amener à l'hôpital s'il ne fait pas un petit effort. Puis il va acheter une ou deux bouteilles de cognac dans un autre magasin que la veille, pour ne pas passer pour un alcoolique à la place de son père. Franz continue de boire, à l'aube de sa fin. Franz ne croit en rien. Il ne veut rien. Il espère quand même retrouver Maria quelque part. Qui sait ? Il pourra lui dire que leurs fils ont grandi, qu'ils ont fondé chacun une belle petite famille, qu'ils ont de bonnes situations, que Joren a repris des études pour devenir nutritionniste – quelle drôle d'idée – qu'ils ont des femmes plutôt sympas, même si elles ont l'air chiantes, comme toutes les femmes, sauf elle, et qu'il a fait un bon boulot de père. Il pourra lui dire aussi combien furent douloureuses toutes les nuits où il pensait à elle, cachant ses larmes à leurs enfants, ses yeux bouffis le lendemain, prétextant que l'alcool ne lui allait pas trop bien. Il pourra lui expliquer les fêtes de Saint-Nicolas sans elle, sans sens, sans essence, qu'il passait chez des amis qui s'occupaient des garçons pendant qu'il se cachait pour cuver son chagrin. Il pourra lui parler de ces femmes qui n'ont pas vraiment été les siennes, parce qu'il n'y avait plus de place pour aucune dans son cœur veuf. Il pourra lui parler de ses colères, de sa rage face à ces mères de substitution qui n'ont jamais pu la remplacer, qui ont fini par lui taper sur les nerfs à force de ne pas être Elle. Il pourra lui dire qu'il n'a réellement aimé qu'Elle, qu'il lui a été fidèle jusqu'au bout, qu'il ne l'a jamais oubliée, qu'il n'a jamais guéri. Il pourra lui dire que malgré la mort, il a vécu pour leurs enfants, qui sont devenus des hommes. Et que s'il n'a pas été un père parfait, il a tout de même rempli un contrat qui était impossible à honorer sans Elle. Il a été père. Il a été grand-père, juste quelques années, mais sans Elle, il ne pouvait plus continuer… de toute façon, plus continuer…

Préface 7
Grand-mère Marie 9
Juste du sexe 45
   1 – Châtellerault City 45
   2 – Dans le train 65
Saphonie pas normale 75
24 x 6 97
   Marie, 45 ans, prof d'anglais 97
   Cathy, 34 ans, aide-soignante 106
   Théophile, 43 ans, ingénieur 112
   Nathan, 44 ans, psychologue 119
   Pierre, 39 ans, célibataire, cadre 127
   Geoffroy, 43 ans, chômeur 132
Âme seule 142

Dans la collection Nouvelles Pages

Cent papiers Sans pieds – Tiffany Ducloy

La voltigeuse de Constantinople – Laurent Dencausse

Le bal des vampires – Sébastien Thiboumery

Un aigle dans la ville – Damien Granotier

La tueuse de Manhattan – Pierre Vaude

Le Revenu Universel, Perpétuel et Éphémère – Didier Curel

Voyage au cœur des hémisphères – Dimitri Pilon

Rose Meredith – Denis Morin

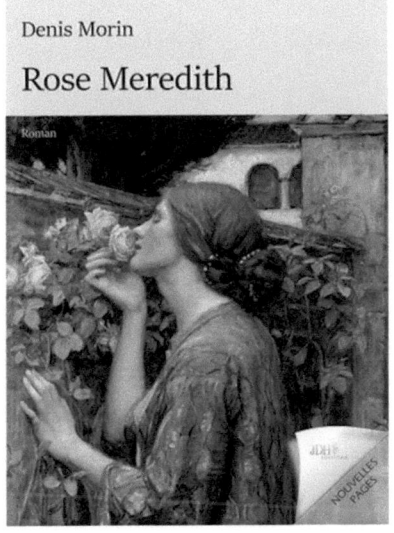

Découvrez les autres collections de JDH Éditions

Magnitudes

Drôles de pages

Uppercut

Versus

Les collectifs de JDH Éditions

Case Blanche

Hippocrate & Co

My Feel Good

Romance Addict

F-Files

B-Files

Les Atemporels

Quadrato

Baraka

Les Pros de l'éco

L'Édredon

La revue littéraire de JDH Éditions

Venez découvrir les textes de la revue

Textes et articles dans un rubriquage varié (chroniques, billets d'humeur, cinéma, poésie…)

Suivez **JDH Éditions** sur les réseaux sociaux
pour en savoir plus sur les auteurs,
les nouveautés, les projets…

Inscrivez-vous à notre Newsletter sur
www.jdheditions.fr
Pour recevoir l'actualité de nos nouvelles
parutions